禹貢半月刊

顧頡剛等 主編

1

第一卷一至十二期

中華書局

圖書在版編目(CIP)數據

禹貢:半月刊/顧頡剛等主編.—北京:中華書局,2010.5

ISBN 978-7-101-07360-7

Ⅰ.禹… Ⅱ.顧… Ⅲ.歷史地理學期刊-中國-1934~1937 Ⅳ.K928.6-55

中國版本圖書館CIP數據核字(2010)第061962號

責任編輯:王 勖

禹 貢(半月刊)

(全十一册)

顧頡剛等 主编

*

中 華 書 局 出 版 發 行

(北京市豐臺區太平橋西里38號 100073)

http://www.zhbc.com.cn

E-mail:zhbc@zhbc.com.cn

北京市白帆印務有限公司印刷

*

787×1092毫米 1/16 · 420¾印張 · 21插頁 · 6500千字

2010年5月第1版 2010年5月北京第1次印刷

印數:1-500册 定價:3200.00元

ISBN 978-7-101-07360-7

影印説明

《禹貢》半月刊是二十世紀三十年代顧頡剛先生創辦的一份具有深遠影響的學術刊物。從一九三四年三月創刊到一九三七年七月停刊，《禹貢》半月刊共出版了七卷八十二期。《禹貢》半月刊的出版和「禹貢學會」的成立標誌着現代學術意義上的中國歷史地理學科的建立。

《禹貢》半月刊的出版距今已七十餘年，查找不便，爲滿足學界需要，我局決定影印出版。此次影印以顧頡剛先生自藏的一套《禹貢》半月刊爲底本，上面還鈐有顧先生的藏書章，彌足珍貴。此次影印得到了顧先生家屬和王煦華先生的大力支持，在此謹致謝忱。

中華書局編輯部

二〇一〇年三月

禹貢

第一卷合訂本

北平禹貢學會印行

定價國幣九角

禹貢半月刊第一卷總目

第一期

第二期

第三期

第四期

第五期

第六期

第七期

第八期

第九期

第十期

第十一期

第十二期

出版者：禹貢學會。
編輯者：顧頡剛，譚其驤。
出版日期：每月一日，十六日。
發行所：北平成府蔣家胡同三號禹貢學會。

禹貢
半月刊

價目：每期零售洋壹角。豫定半年十二期，洋壹圓；全年二十四期，洋貳圓。郵費加一成半。國外全年加郵費八角。

The Evolution of Chinese Geography Semi-monthly Magazine.

第一卷 第一期
民國二十三年三月一日

代售處
北平北京大學史學系余遜先生
北平燕京大學史學系李子魁先生
北平輔仁大學史學系譚其驤先生
北平清華大學史學系吳春晗先生
天津河北女子師範學院史學系斑書閣先生
青島山東大學丁山先生
濟南齊魯大學史學系張立志先生
開封河南大學史學系楊鴻烈先生
上海暨南大學江應樑先生
武昌武漢大學史學系吳其昌先生
成都四川大學文學院劉以塘君
厦門厦門大學史學系鄭德坤先生
廣州中山大學文史研究所羅香林先生
廣州嶺南大學容肇祖先生
廣州協和神學院李鏡池先生
河北遵化初級中學趙巨川先生
北平北平圖書館王以中先生
杭州浙江圖書館夏廷域先生
蘇州江蘇第二圖書館陳源遠先生
北平景山東街十七號景山書社
北平和平門外大街文化書社
北平琉璃廠松筠閣書舖
北平成府競進分社
南京中央大學門前鍾山書局
上海五馬路亞東圖書館
重慶天主堂街重慶書店

本刊業已遵章呈請登記

發刊詞

歷史是最艱難的學問，各種科學的知識它全都需要。因爲歷史是紀載人類社會過去的活動的，而人類社會的活動無一不在大地之上，所以尤其密切的是地理。歷史好比演劇，地理就是舞臺；如果找不到舞臺，哪裏看得到戲劇！所以不明白地理的人是無由了解歷史的，他只會記得許多可佐談助的故事而已。

自然地理有變遷，政治區畫也有變遷。如果不明白這些變遷，就到處都成了『張冠李戴』的笑柄。例如認現在的黃河即是古代的黃河，濟水將安排何處？認近代的兗州即是古代的兗州，其如那邊並無沇水！打開二十四史一看，滿紙纍纍的都是地名。要是一名限于一地，那就硬記好了；無奈同名異實的既很多，異名同實的也不少，倘使不把地理沿革史痛下一番功夫，眞將開口便錯。我們好意思讓它永遠錯下去嗎？

這數十年中，我們受帝國主義者的壓迫眞夠受了，因此，民族意識激發得非常高。在這種意識之下，大家希望有一部中國通史出來，好看看我們民族的成分究竟怎樣，到底有哪些地方是應當歸我們的。但這件工作的困難實在遠出於一般人的想像。民族與地理是不可分割的兩件事，我們的地理學既不發達，民族史的研究又怎樣可以取得根據呢？不必說別的，試看我們的東鄰蓄意侵略我們，造了『本部』一名來稱呼我們的十八省，暗示我們邊陲之地不是原有的；我們這羣傻子居然承受了他們的麻醉，任何地理教科書上都這樣地叫起來了。這不是我們的恥辱？然而推究這個觀念的來原，和禹貢一篇也有關係。禹貢列在書經，人所共讀，但是沒有幽州，東北只盡於碣石，那些讀聖賢書的人就以爲中國的東北境確是如此的了。不搜集材料作實際的查勘，單讀幾篇極簡單的經書，就注定了他的畢生的地理觀念，這又不是我們的恥辱？

研究地理沿革在前淸曾經盛行過一時。可是最近十數年來此風衰落已到了極點。各種文史學報上找不到這一類的論文，大學歷史系裏也找不到這一類的課程，而一般學歷史的人，往往不知禹貢九州，漢十三部爲何物，唐十道，宋十五路又是什麼。這眞是我們現代中國人的極端的恥辱！在這種現象之下，我們還配講什麼文化史，宗教史；又配講什麼經濟史，社會史；更配講什麼唯心史觀，唯物史觀！

我們是一羣學歷史的人，也是對于地理很有興趣的人，爲了不忍坐視這樣有悠久歷史的民族沒有一部像樣的歷史書，所以立志要從根本做起。禹貢是中國地理沿革史的第一篇，用來表現我們工作的意義最簡單而淸楚，所以就借了這個題目來稱呼我們的學會和這個刊物。我們要使一般學歷史的人，轉換一部分注意力到地理沿革這方面去，使我們的史學逐漸建築在穩固的基礎之上。我們一不偸懶，因爲故紙堆中有的是地理書，不讀書的便不能說話；二不取巧務名，因爲地理是事實並且是瑣碎的事實，不能但憑一二冷僻怪書，便大發議論。我們一方面要恢復淸代學者治禹貢，漢志，水經等書的刻苦耐勞而謹嚴的精神，一方面要利用今日更進步的方法，——科學方法，以求博得更廣大的效果。

至於具體的工作計劃，大致有下列幾方面。

一，現在我們還沒有一部可以供給一般史學者閱讀的中國地理沿革史。王應麟的通鑑地理通釋太古老了，又很簡陋。顧祖禹的讀史方輿紀要卷帙太繁冗，非普通讀史者所宜讀；且顧氏多承明人之蔽，好空談形勢，於歷史地理之實際考證，往往未盡精確。此外近年來坊間也曾出了二三本標着這一類名目的小册子，益發是雜糅胡鈔，不值一顧。本來中國地理沿革史不是一部容易編的書，因爲其中還有許多重要的問題，至今沒有解決，有如：上古傳說中的『州』與『服』，東晉南朝的僑州郡縣，北魏六鎭和唐代六都護府的建置沿革，明朝都司衞所的制度等等。在這許多問題沒有解決之前，中國地理沿革史是沒有法子可以寫得好的。所以我們的第一件工作，便是想把沿革史中間的幾個重要問題研究淸楚；從散漫而雜亂的故紙堆中整理出一部中國地理沿革史來。

二，我們也還沒有一種可用的地理沿革圖。稅安禮的歷代地理指掌圖早已成了骨董，成了地圖學史中的材料了。近三十年來中國日本兩方面所出版中國地理沿革圖雖然很多，不下二三十種，可是要詳備精確而合用的却一部也沒有。日本人箭內亘所編的東洋讀史地圖很負盛名，銷行甚廣，實際錯誤百出，除了印刷精良之外一無足取。中國亞新地學社所出版的歷代戰爭疆域合圖還比箭內氏圖稍高一籌。至於上海商務印書館等所出版的童世亨們的中國地理沿革圖，固然最爲通行，但其訛謬可怪却尤有甚於東洋讀史地圖者。比較可以稱述的，祇有淸末楊守敬氏所編繪的歷代輿地圖。此圖以繪錄地名之多寡言，不爲不詳備，以考證地名之方位言，雖未能完全無誤，亦可以十得七八，可是它有一種最大的缺點，就是不合用。一代疆域分割成數十方塊，驟視之下，既不能見其大勢，檢查之際，又有繙前繙後之苦。所以我們第二件工作是要把我們研究的結果，用最新式的繪製法，繪成若干種詳備精確而又合用的地理沿革圖。

三，我們也還沒有一部可以夠用的歷史地名大辭典。李兆洛的歷代地理志韻編太簡略了，檢索也不方便。北平研究院所出版的中國地名大辭典和商務印書館所出版的中國古今地名大辭典雖然都以『大』字命名，實際可是連正史地理志和一統志所載的地名也沒有完全搜錄進去。而且此等辭典皆不過鈔撮舊籍，對於每一個歷史地名很少有詳密的考證。所以我們第三件工作是要廣事搜羅所有中國歷史上的地名，一一加以考證，用以編成一部可用，夠用，又精確而又詳備的中國歷史地名辭典。

四，考訂校補歷代正史地理志是有清一代學者對於地理沿革學最大的貢獻。名著有全祖望的漢志稽疑，吳卓信的漢志補注，錢坫的新斠注漢志，汪遠孫的漢志校本，洪頤煊的漢志水道疏證，陳澧的漢志水道圖說，畢沅的晉志新校正，方愷的新校晉志，溫曰鑑的魏志校錄，成蓉鏡的宋志校勘記，楊守敬的隋志考證等等。可是除了漢志一部分的成績尚可稱述而外，其它部分都還粗淺得很。晉志，魏志，兩唐志最爲蕪亂難讀，但上述幾部書實際上並沒有把它們考訂清楚。明史地理志訛謬脫漏的地方也很多，卻並不曾有人去理會過它。所以我們的第四件工作是要完成清人未竟之業，把每一代的地理志都加以一番詳密的整理。

以上所述都是對於地理沿革本身的研究工作計劃。再者，地理書籍中往往具有各種文化史料，例如：各正史地志什九皆載有州郡戶口物產，那豈不是最好的經濟史料？州郡間有詳其民戶所自來者，那豈不是最好的移民史料？所以我們的第五件工作是要把這些史料輯錄出來，作各種專題的研究。

除此之外，我們還要提出若干關係自然地理而爲我們自己所不能解決的問題，徵求科學家的解答。例如：自漢以後，言河源者都以爲是發源於崑崙，其上流即今塔里木河，既瀦爲羅布泊，復伏流至積石出而爲中國河。伏流之說是否可通，這完全有待於自然地理學者的研究。不但是自然地理方面的問題，我們要請教那些專家，就是社會和政治方面，我們需要專家的解答正同樣的迫切。例如禹貢的五服，王制的封國，山海經中的原始宗教，職方中的男女人數比例，都不是我們自己所能研究出最終的結論來的。

以前研究學問，總要承認幾個權威者作他的信仰的對象。好像研究毛詩的，就自居於毛老爺的奴僕。在這種觀念之下，自然會得分門別戶，成就了許多家派。我們現在，要澈底破除這種英雄思想，既不承認別人有絕對之是，也不承認自己有絕對之是。我們不希望出來幾個天才，把所有的問題都解決了，而只希望能聚集若干肯作苦工的人，窮年累月去鑽研，用平凡的力量，合作的精神，來造成偉大的事業，因爲惟有這樣纔有切實的結果，正如磚石建築的勝于蜃氣樓臺。我們確實承認，在這個團體中的個人是平等的，我們的團體和其它的團體也是平等的。我們大家站在學術之神的前面，爲她而工作，而辯論，而慶賀新境界的開展，而糾正自己一時的錯誤。我們絕對不需要『是丹非素』的成見，更無所謂『獨樹一幟』的虛聲。願本刊的讀者能這樣的認識我們，同情我們！

二十三，二，二十二。

禹貢的地位

李素英

禹貢在地理沿革史上佔有極重要的地位。爲了時代過早，知識有限，自然是有好些地方免不了謬誤和模糊。雖則不算絕對的權威，却是中國純粹地理學的始祖，首先開闢了研究的途徑，啟發一般人的地理觀念，使當代與後世的人對自己生長，居住的『神州』的概況，得到最低限度的認識。禹貢作者曾竭盡他的智力草創了地理學的綱要和基礎，供給後人做一種根據，這勞績是偉大的。

其實，正因爲禹貢本身的不盡正確，有着疑竇和漏洞，才更引動學者們的追究，在追究的程序上必然涉及種種問題，地理學愈推愈廣，因而獲得更多的新發現。禹貢的錯誤和矛盾處不是作者本身的過失，我認爲關於學術上的著作總不免，也不妨帶一點錯誤和漏洞。這漏洞正是那作品的延年益壽丹。

『從前人信禹貢爲虞夏時書，又信爲禹的治水作貢時親筆記載，它的地位自然很高』。這只是從前人絕對崇拜三代的一種估量和信仰，認爲凡是堯舜禹的典籍都成了天造地設的聖經，該佔有最高地位的。假如有人發現了禹貢是後人的作品，或者禹自己顯聖否認他的著作權，那麼，它的地位會驟然低落是無疑的，甚而會被斥爲邪說異端也說不定。

現在可不同了。我們幸而生當後世，承襲了歷代積貯下來的知識，在進化的途中，我們已到達比古人較高的一個峯頂。對一切的來頭去路，都觀察得比古人清晰準確。而且科學昌明，研究的工具漸漸齊備，我們已有信仰現代多過信仰古人的趨勢了。尤其對三代以前的東西根本起了懷疑，覺得都有重新考訂，重新估價的必要。禹貢若是禹作的，則它的內容眞確性愈少，它是處於被疑的地位。我們如果考定了它的著作時代在春秋後時，則它的地位不特不會低落，反而增高了。因為我們的注意點已不在禹不禹的問題，而在那作品內容的眞確性。時代較後，各種旁證也比較多些，所以比較可信。這種考定雖然打斷了我們對禹域九州的地理觀念，和他鑿山通河以治洪水的想像，但我們可以比較放心地相信禹貢裡所說的，多少是春秋後時的山川，地勢，疆域，物產的概況。與其全部存疑，何如獲到一部分的眞實？故禹貢的地位，在現代的眼光裏決不會因著作的時代之移後而低落的。

論禹貢田賦不平均之故

許道齡

凡治國者對於人民，莫不事事求其公平。但禹貢之田與賦極不平均，如：

冀州	厥田惟中中	厥賦惟上上	田第五 賦第一	高四級
兗州	厥田惟中下	厥賦貞（貞屬第九）	田第六 賦第九	下三級
青州	厥田惟上下	厥賦中上	田第三 賦第四	下一級
徐州	厥田惟上中	厥賦中中	田第二 賦第五	下三級
揚州	厥田惟下下	厥賦下上	田第九 賦第七	高二級
荊州	厥田惟下中	厥賦上下	田第八 賦第三	高五級
豫州	厥田惟中上	厥賦上中	田第四 賦第二	高二級
梁州	厥田惟下上	厥賦下中	田第七 賦第八	下一級
雍州	厥田惟上上	厥賦中下	田第一 賦第六	下五級

這是什麼原故？其中有無公道存在？

我詳細研究的結果：知道牠是以『無病民』為原則。冀州，豫州是王者所居之地，開化較早，農業最發達。戰國策二十二魏一云：

> 地方千里。地名雖小，然而廬田廡舍曾無所芻牧牛馬之地。

又卷十八趙一云：

> 吾城郭之完，府庫足用，倉廩實矣。

史記河渠書云：

西門豹引漳水灌鄴，以富魏之河內。

又云：

韓使水工鄭國間說秦，令鑿涇水，自中山抵瓠口為渠，旁北山，東注洛，三百餘里，欲以溉田。

這都是農業較為發達的證據。農業發達，生產量增大，收穫豐富，雖多取而民不以為苦。——這是冀豫兩州賦高於田的緣故。

荊州，揚州蠻夷瘴癘，風氣未開，農業幼稚。然而『地廣人稀，飯稻羹魚，或火耕而水耨』（史記貨殖列傳）。在這種情形之下，耕者想必隔年一易地，而且一人能夠耕千畝，少受荒歉之苦。史記貨殖列傳云：

楚越……地勢饒食，無饑饉之患。

這是人民生活充裕的證例。人給家足，雖重徵也不傷元氣。——這是荊揚兩州賦高于田的緣故。

其他各州，如：青，徐，兗，梁，雍，自然環境雖不算壞，但或許是因為農耕技術之不很高明，或許是因為人口密度之過大，故賦皆下田，以示體卹。

以上所說，從表面上看來像是相反，但從實際上看來確是相成，蓋百變仍不離其『無病民』之原則也。管見如此，未悉當否？

二十二年十一月三十日

『雲土夢作乂』

陳家驥

禹貢之文，唐宋流行之本尚作『雲夢土』，自太宗（自胡渭以下皆以為唐太宗，段玉裁則以為宋太宗）得古本作『雲土夢』，詔改從之，於是後儒解說遂紛紛然莫衷一是矣。王鳴盛曰，『史記漢書並作「雲夢土」，釋孔傳亦作「雲夢土」，蓋皆魏晉所改。唐太宗時，馬鄭所注尚存，所得殆馬鄭本也』。此則以馬鄭本作『雲土夢』，而作『雲夢土』者乃魏晉人所改也。段玉裁古文尚書撰異云，『作「雲夢土」者，古文尚書也。作「雲土夢」者，今文尚書也。今本古文尚書作「雲土夢」，其誤始於唐石經，而宋太宗復揚其波』。此則以今文作『雲土夢』而古文作『雲夢土』也。然胡渭禹貢錐指云，『史記水經注並作「雲土夢」，遷從孔安國問故，其書宜從古文，何乃作「雲土夢」邪？予以為作「雲夢土」者，偽孔本也；作「雲土夢」者，馬鄭之所同，固無關於今古文也。偽孔之本行而馬鄭之本孤，故太宗始得古本而餘子莫或之見也』。則王氏之說疑爲近似。

『雲夢』之名，說亦多歧。稽諸經傳，有合稱『雲夢』者，周禮，荊州『澤藪曰雲瞢』，爾雅十藪，『楚有雲夢』，戰國策『楚王遊於雲夢』，是也。有單稱『雲』者，左傳定四年，『楚子涉雎濟江，入于雲中』，是也。有單稱『夢』者，左傳宣四年，『䢵夫人棄子文于夢中』，是也。注家以此人各異說。有以『雲夢』爲一澤者，僞孔傳曰，『雲夢之澤，其中有平土丘』，鄭注周禮職方曰，『雲夢在華容』，是皆以爲一澤也。司馬貞史記索隱云，『雲夢本二澤，人以其相近，或合稱雲夢』，此則以爲二澤也。於是沈括，羅泌，易祓，郭思，鄭樵，洪邁，洪興祖等遂有『雲在江北，夢在江南』之說。王鳴盛尚書後案曰，『左傳定四年，「吳人入郢。楚子涉雎濟江，入于雲中。王寢，盜攻之，以戈擊王，王奔鄖」，鄖在江南，楚子自郢濟江而北入雲中，遂奔鄖，是則雲在江北明矣。昭三年，「鄭伯如楚，楚王以田于江南之夢」，則夢在江南明矣』。王氏此說，其著者也。胡渭禹貢錐指則謂『雲可該夢，夢亦可該雲。故杜元凱注「夢中」云，「夢，澤名。江夏安陸縣東南有雲夢城」，則夢在江北。注「雲中」云，「入雲夢澤中，所謂江南之夢」，則雲在江南，注「江南之夢」云，「楚之雲夢跨江南北」，則南雲北夢，單稱合稱，無所不可，絕無「江北爲雲，江南爲夢」之說』。此則以地跨江之南北，而無嫌於北夢南雲也。

至於『雲土』之解說亦紛紛。僞孔則謂『其中有平土丘』，穎達則謂『「土」字在二字之間，蓋史文兼上下』，皆無常也。孫星衍尚書今古文注疏云，『雲夢作「雲土夢」者，楚語，王孫圉曰，「有藪曰雲連徒洲」，注云，「楚有雲夢。徒，其名也」。案徒土音相近』（段玉裁亦謂雲連徒州即雲土也，與孫氏說同）。孫詒讓周禮正義曰，『楚辭招魂篇云，「與王趨夢兮課後先」，王注云，「夢，澤中也，楚人名澤爲夢中」。淮南子墬形訓云，「南方曰大夢」，高注云，「夢，雲夢也」。據此諸文，則「雲」者此澤之專名，「夢」者楚人之通語。禹貢之「雲土」，即楚語之「雲連徒州」。漢地理志江夏郡又有雲杜縣。「土，徒，杜」並聲近字通，然則「雲土」即澤名，「雲土夢」猶云「雲土澤」耳。省文曰「雲夢」，復省之則曰「雲」曰「夢」，實一藪也』。詒讓之說視孫（星衍）段（玉裁）爲密，而『雲土』之義得矣。

『雲土夢』

張公量

『雲土夢』之著錄，當以左氏爲嚆矢。昭三年傳，『王以田江南之夢』。定四年傳，『楚子涉睢濟江，入雲中』。次則國語楚語，王孫圉曰，『楚又有藪曰雲連徒州』。國策楚策，『楚王游於雲夢』。至於禹貢爾雅，則較晚出。惜解註紛紜，莫衷一是；然視黑水，勝矣。輯而論之，如左。

一，雲夢在華容說——此說倡自漢書地理志。云，『南郡華容縣，雲夢澤在南，荆州藪』。其後鄭玄職方注，應劭風俗通義，高誘呂覽淮南注，韋昭國語注，郭璞爾雅注，皆踵之。

二，雲夢在編，西陵說——漢書地理志，『編縣，有雲夢宮。江夏郡西陵縣，有雲夢宮』。

三，雲夢在枝江，安陸說——杜預土地名，『南郡枝江縣，西有雲夢城。江夏安陸縣，東南亦有夢城』。

四，雲夢在雲杜，沌陽說——水經夏水酈注，『西南自州陵東界，逕于雲杜，沌陽，爲雲夢之藪矣』；又沔水注，『雲杜縣東北，有雲夢城』。

諸如此說，其終皆以證杜預『楚之雲夢，跨江南北』。凡學說思想，遞次增飾，愈後愈臻完密。若雲夢一詞，其初解者，不過『跨江南北』一浮泛語耳；今則有實地可指。淸胡渭博徵衆說，訂爲『東抵蘄州，西止枝江，京山以南，青草以北』，儼然雲夢區域矣。

邵晉涵以雲夢爲當日離宮別苑之稱，而編，西陵獨曰『雲夢宮』者，正所以存楚宮之故蹟（說詳爾雅正義）。孫詒讓則云：『雲者此澤之專名，夢者楚人之通語。禹貢之雲土，即楚之雲連徒州。漢地理志江夏郡又有雲杜縣。土，徒，杜，並聲近字通。然即雲土卽澤名，雲土夢猶云雲土澤耳。省文曰雲夢，復省之曰雲曰夢，實一藪也』（說詳周禮正義）。蓋雲夢爲古代諸侯王游宴之所，以結二國之好。昭三年十月鄭伯至楚，王與田於夢；翌年正月，許子至，復田，且賦吉日（小雅），其儀甚隆，想其期必不止三數日，途必不局，自宜於適當地點設置行營，故編，西陵有雲夢宮；枝江，安陸有雲夢城也。地旣偏普，盡人知之，故稱雲偁夢，均無不可，猶涇水渭水稱之涇渭；長江黃河之稱江河也。然有一不解者，夏水酈注，『西南自州陵東界，逕于雲杜，沌陽，爲雲夢之藪矣』。又沔水注，『雲杜縣東北，有雲夢城』。既曰雲杜，又出雲夢，豈不與土，杜相通，雲杜即雲土之言悖耶？一句之中，竟自矛盾至此耶？

嘗讀山海經，其書近人目爲西漢時作品，於澤屢見不一，獨於雲夢缺如。意其載而名不必符乎？如東山經之深澤，廣員四十里皆涌，屬南行；又西山經之泑澤，河水所潛，其原渾渾泡泡，係東望：諸如摹寫，皆有可疑者。并記於此，質之同人。

周書周官職方篇校記

王樹民

周官（文字依本講義乙種三之一）	周書（文字依抱經堂校定本）
以掌天下之地	無此六字
辨其邦國　乃辨九州之國	
乃辨九服之邦國	三「辨」字並作「辯」孫詒讓云，同聲假借字。
六畜之數要	無「要」字孫詒讓云，疑脫。
其畜宜鳥獸	「宜」字下有「雞狗」二字，盧文弨云，後人妄增也。
雲瞢	「瞢」作「夢」
其川滎雒案：各本「滎」多作「熒」，此誤。	「滎」作「熒」段玉裁云，字當作「熒」。
其浸波溠	「波」作「陂」孫詒讓云，同聲叚借字。
其民二男二女鄭注云，當作「二男三女」。	「二女」作「三女」
其畜宜雞狗	「狗」作「犬」
弦蒲	「弦」作「彊」王念孫云，「弦」誤爲「强」，因誤爲「彊」。
其川涇汭	同盧文弨云，本皆作「涇納」，今從周官改。俞樾云，「納」，「汭」皆從「內」聲之字，古或通用。
楊紆	「楊」作「揚」孫詒讓云，同聲叚借字。
汾潞	「潞」作「露」孫詒讓云，聲同字通。
其民五男三女	同盧文弨云，「三女」本作「二女」，今依周官改。
乃辨九服之邦國	無「邦」字
方千里曰王畿	「畿」作「圻」孫詒讓云，「圻」「畿」字通。
曰侯服……曰藩服	「曰」字均作「爲」
凡邦國：千里，封公以方五百里，則四公；方四百里，則六侯；方三百里，則七伯；方二百里，則二十五子；方百里，則百男。以周知天下。鄭注云，「七伯」當作「十一伯」。	凡國：公，侯，伯，子，男。以周知天下。
小大相維	大小相維

王將巡守　「守」作「狩」　孫詒讓云，段借字。

各修平乃守　案別本「修」亦作「脩」　「修」作「脩」

攷乃職事　「攷」作「考」　孫詒讓云，古今字。

及王之所行先道，帥其屬　及王者之所行道，率其屬而

而巡戒令。　巡戒命。　孫詒讓云，「者」字衍，朱右曾同，又云，脫「先」字。「率」，「帥」，古今字。「令」，「命」，義同。

樹民謹案：職方一篇，因在周官中，舊說以爲周公所作；『穆王使有司抄出之，欲時省焉』（孔晁周書注），故又存於逸周書。然察其體製內容，既不類周初之作，且采用晚出之名（如『七閩』），故其語之不信，無待煩言。

職方篇之作，竊意當在戰國末年，而出燕齊人士之手。其說要有四點：（一）據史記越世家東越列傳，閩越建國在西前四世紀後半期，則『七閩』一名之發生當尤後此。（二）幽幷分州乃受燕趙開邊攘地之啟示。（三）戰國末年，有迂大之說行於燕齊之間，職方之『萬里九服』說實其產物。（四）史記秦始皇本紀云：『昔者五帝地方千里，其外侯服，夷服』，其說最與職方九服相類，疑即本此；否則恐亦有間接關係。（說詳五服說之演變。（一）（二）兩點參看講義乙種三之一顧先生案語。）

職方之初製，乃遠託古帝而非周公之制。說有三點：（一）其時道古者務尚古遠，職方作者生當其時，自難獨外。（二）漢初人猶稱周制爲五服；如韋孟諷諫詩云：『五服崩離，宗周以墜』。（三）秦紀稱爲『五帝之制』。（亦詳五服說之演變。）

職方之變爲周制，蓋在編入逸周書之後。周書既不見重（致後人目之爲『逸』），故職方篇除漢武帝取幽，幷立十三州時一言及外，亦少見稱。其後周官成書，采以爲夏官職方氏；後世尊爲經典，而職方遂得確爲周制。

周官之書，成於西漢末年，捃摭舊文以實其內容。於原文雖大體承用，而爲符合其目的故，每有竄易割裂之處；推尋其迹，事乃有極昭然者。即此篇而論，如周書云：『凡國：公，侯，伯，子，男。以周知天下』，本承上文『乃辨九服之國』一語而來；兼釋『辨其邦國』，及『乃辨九州之國』二語。（『以周知天下』又含總結『掌天下之圖……』以下之意。）此則云：『凡邦國：千里，封公以方五百里，則四公；方四百里，則六侯；方三百里，則七伯；方二百里，則二十五子；方百里，則百男。以周知天下』。既言封國之大小數目，則已與上文所敘別爲一事，不相屬也，而復存『凡邦國……以周知天

下』承上文之語；致此段乃成首尾附屬，中間獨立之態。蓋其意在加入此事，而苦無適當之處，遂勉強割裂本文，而造成此畸形狀態也。

二二，一一，七晚。

職方定本附章句芻說

王樹民

職方一篇，今雖兩存於周書及周官，然周書多有脫誤，周官則竄迹顯然（參照上文札記之校記），加以歷經傳寫之譌，其原文吾人實已不可全睹。今妄以私見，酌取二篇之文，參以諸家校釋，存其眞語，去其誤譌，寫爲己見之定本，並附以章句芻說焉。

職方氏：掌天下之圖，以掌天下之地。辨其邦國，都鄙，四夷，八蠻，七閩，九貉，五戎，六狄之人民，與其財用，九穀，六畜之數要，周知其利害。

乃辨九州之國，使同貫利：

東南曰揚州：其山鎮曰會稽。其澤藪曰具區。其川三江。其浸五湖。其利金，錫，竹，箭。其民二男五女。其畜宜鳥，獸。其穀宜稻。

正南曰荊州：其山鎮曰衡山。其澤藪曰雲夢。其川江，漢。其浸潁，湛。其利丹，銀，齒，革。其民一男二女。其畜宜鳥，獸。其穀宜稻。

河南曰豫州：其山鎮曰華山。其澤藪曰圃田。其川熒，雒。其浸波，溠。其利林，漆，絲，枲。其民二男三女。其畜宜六擾。其穀宜五種。

正東曰青州：其山鎮曰沂山。其澤藪曰望諸。其川淮，泗。其浸沂，沭。其利蒲，魚。其民二男三女。其畜宜雞，狗。其穀宜稻，麥。

河東曰兗州：其山鎮曰岱山。其澤藪曰大野。其川河，泲。其浸廬，維。其利蒲，魚。其民二男三女。其畜宜六擾。其穀宜四種。

正西曰雍州：其山鎮曰嶽。其澤藪曰弦蒲。其川涇，汭。其浸渭，洛。其利玉，石。其民三男二女。其畜宜牛，馬。其穀宜黍，稷。

東北曰幽州：其山鎮曰醫無閭。其澤藪曰貕養。其川河，泲。其浸菑，時。其利魚，鹽。其民一男三女。其畜宜四擾。其穀宜三種。

河內曰冀州：其山鎭曰霍山。其澤藪曰楊紆。其川漳。其浸汾，潞。其利松，柏。其民五男三女。其畜宜牛，羊。其穀宜黍，稷。

正北曰并州：其山鎭曰恒山。其澤藪曰昭餘祁。其川虖池，嘔夷。其浸淶，易。其利布，帛。其民二男三女。其畜宜五擾。其穀宜五種。

乃辨九服之國：方千里曰王畿。其外方五百里曰侯服。又其外方五百里曰甸服。又其外方五百里曰男服。又其外方五百里曰采服。又其外方五百里曰衛服。又其外方五百里曰蠻服。又其外方五百里曰夷服。又其外方五百里曰鎭服。又其外方五百里曰藩服。凡國：公，侯，伯，子，男。以周知天下。

凡邦國，小大相維，王設其牧。制其職，各以其所能；制其貢，各以其所有。

王將巡狩，則戒于四方曰，『各修平乃守，考乃職事！無敢不敬戒！國有大刑！』及王之所行，先道，率其屬而巡戒令。王殷國亦如之。

此篇總段，可分爲六，略述其要於下：

『掌天下之圖，以掌天下之地』爲第一段，敘職方氏所職掌之總綱。

『辨其邦國……周知其利害』爲第二段，敘其所職掌之條目。

『乃辨九州之國……并州其穀宜五種』爲第三段，敘第一種政治區劃。

『乃辨九服之國……以周知天下』爲第四段，敘第二種政治區劃。二種區劃中均爲國，其等級如本文所言。

『凡邦國……各以其所有』爲第五段，附敘邦國間及其與王之關係。

以上爲職方氏之常職；間敘九州九服之制，及邦國與王之關係。

『王將巡狩……王殷國亦如之』爲第六段，敘職方氏之臨時職務。

前作校記，曾謂周官加入封國一事，成爲首尾附屬，中間獨立之畸形狀態；今以文法關係觀之，尤爲顯然。其文前四段之主句，文法構造全同，圖示如左：

云謂詞 (Predicate)	介詞 (Preposition)	無限動詞 (Infinitive Clause)
掌天下之圖	以	掌天下之地
辨其邦國……與……	○	周知其利害
乃辨九州之國	○	使同貫利

乃辨九服之國。以。周知天下。

如於『以周知天下』上加入封國一事，與上文別爲一段，則此句不僅於義無關，文法上將亦無所屬矣。

二二，一一，一九。

職方冀州境界問題

袁鍾姒

上年顧先生曾以職方九州分配同學，令繪製地圖。余適分得冀州。及著手繪製，覺其四至頗有糾紛，故草是篇以質所疑。

孫詒讓周禮正義曰，『案周冀州方域，東距東河，與兗界；南距南河，與豫界；西距西河，與雍界；北距虖池，與并界；東南東北竝距東河；西南亦距西河；西北距汾水下流，與并界。州三面距河，西河之西爲雍州，東河之東爲兗州，南河之南爲豫州，北界并州則無河』。据此，界南界西均無問題，惟東，北，及西北，尙須斟酌。

(一)界　東

既知東距東河，似無何疑問。但東河河道，自禹河以後，幾經遷徙，職方冀州所距之東河，其流域仍係禹河之故道乎？抑爲已遷之河道乎？欲解決此問題，則職方之時代須加以研究。夫周禮非周代作品，已成定論。顧先生以爲職方出於西漢之初，約在武帝之前。攷禹貢東河，過大伾山南，至今河南濬縣（漢黎陽宿胥口）又折而東北流，至今河北盧龍縣東碣石入於海（依孫詒讓說）。至定王河徙之後，黎陽以上猶禹河故道，自大伾以下，舊跡湮廢，河不復自碣石入海（按周定王五年，河徙，決宿胥口，走臨淸大名間，由今運河北達天津入海）。至新莽時，東河又改道，與周定王時復不同。職方果出於武帝之前，則新莽之東河與此無關。然則孫氏目中之東河，其爲禹河，抑爲定王之河，無明文可徵也。

按職方有勦襲禹貢之嫌，于山川記載，必一如其跡。孫詒讓於職方兗州云『北距九河，與幽界』。禹貢之九河逆河，雖不能確知何時湮廢，何時淪入於海，然据孫氏此意，作職方之時，九河固存，由是姑假定職方之東河爲禹河之東河，而非定王時已遷之東河也。其次當述河道所經。

河自濬縣折東北流，合漳水，然漳水亦曾改道。今之漳水，自淸濁二漳合流後，名曰衛河，至山東臨淸入運河。然古之漳水，于河南林縣境，淸濁二漳合流，入山東界，至邱縣南，復分爲二派，一至靑縣合運河，達直沽；一至河北新河縣，東北流，會滹沱。

（見孫氏說冀州川）

据此職方之東河，以今輿地言之，自河南北部，經河北大名縣西，山東邱縣東，北流；于河北新河縣會胡盧河，入滹沱；再北流折而東，至盧龍東（孫氏謂河于永平府碣石入海，淸之永平府卽今之盧龍縣）入海，是爲冀兗之界。

(二)界西北　冀州西北，据汾水下流，與幷界。孫說幷州云，『西南距昭余祁，與冀界。今山西祁縣東七里，有昭余祁藪，其水久涸』。按昭余祁爲幷州澤，則冀州西北界限當在今祁縣東，下据汾水下流。

(三)界　北　北距虖池，與幷界。据孫氏所攷，虖池即今之虖沱河，源於山西泰戲山，至河北獻縣南，分爲二派，復合，至天津靜海縣入海，是爲冀幷之界。

然冀州是否與幽相接，及兗幽二州之毗界若何，依孫氏之說，不無可疑。其說幽州云，『西距東河，與冀界；東南距濰，與兗界；西南距岱，與兗界』，是今山東之北部，河北之東部，沿渤海一帶，皆隸幽州。顧先生亦謂『兗州旣爲幽所蔽，不得達於海濱』。然孫氏於兗州疆域猶云『東至海』，又云『東北亦至海』，竝謂『北距九河，與幽界』。夫九河若在兗州，則幽州之西，不能與冀界；若在幽州，則兗州東北必不能至海。總之孫氏說不無可疑。

山海經的新評價

高去尋

自來批評山海經的，有毀譽不同的兩方面。我們先看劉歆上山海經表說：『禹別九州，任土作貢；而益等類物善惡，著山海經，皆聖賢之遺事，古文之著明者也』。是他的心目中，認牠是聖賢之遺著，地位自然甚高。他又說：『其事質明有信：孝武帝時，嘗有獻異鳥者，食之百物所不肯食。東方朔見之，言其鳥名，又言其所當食。如朔言。問朔何以知之，即山海經所出也。孝宣帝時，擊磻石於上郡，陷，得石室，其中有反縛盜械人。時臣秀父向爲諫議大夫，言此貳負之臣也。詔問何以知之，亦以山海經對。其文曰：「貳負殺窫窳，帝乃梏之疏屬之山，桎其右足，反縛兩手」。上大驚，朝士由是多奇山海經者，文學大儒皆讀學以爲奇。可以考禎祥變怪之物，見遠國異人之謠俗』。假如此表本身無若何問題，並其所舉二事亦含有其眞實性，則西漢之末簡直把山海經看成了了不得底奇書。後漢書王景傳載明帝賜景山海經河渠書以治河，這就表示東漢時代人並不把牠當作語怪之書，而認爲是山川輿地的眞記載，所以簡直和河渠書並重。無怪乎此後王充論衡，趙氏吳越春秋，張華博物志，酈道元水經注都尊崇牠；鄭玄注尚書，服虔注左氏春秋也都引用牠。是彼時人看牠的價値，比僅『可考禎祥怪變之物，見遠國異人之謠俗』的功績又大得多了。但是司馬遷在史記大宛列傳的贊中說，『故言九州山川，尚書近之矣。至禹本紀山海經所有怪物，余不敢言之也』，是他用了史家極嚴正的態度，而首怪其所可怪了。從此以後『世之覽山海經者，皆以其閎誕迂誇，多奇怪俶儻之言，莫不怪焉』了。至杜佑通典則又大加攻擊，認爲僞書。此後一般經學家歷史家對之，更加鄙視。宋代大儒朱熹說牠是『緣天問而作』，——見楚辭辨證。明代胡應麟說牠是『語怪之祖』——見四部正譌。至若郭璞注，張僧繇畫，張駿郭璞圖讚，楊愼吳任臣廣注，眞是『或以新奇而玩之，或以怪誕而悅之，或矜其博，或鬥其靡，非深知山海經者也』。

其實，司馬遷們用了自己的地理智識來看，自然要詫爲怪物了。他們不知道，上古時代人的地理知識尚很低，對於山川水土的分佈的眞實情形是不免潰忽的。至若『人跡之所希至，舟輿之所罕到，內別五方之山，外分八方之海，紀其珍寶奇物異方之所生，水土草木禽獸昆蟲麟鳳之所止，禎祥之所隱，及四海之外，絕域之國，殊類之人』，或脫胎於神話，或得之於遠方旅客之傳聞，雖閎誕迂誇，算不得科學智識，但在當時看來，已爲絕對無疑的智識了。後世民智漸開，對於地理有深切之明瞭，昔日的神話傳說當然失其效用；又山川水土之名，或因有所變革而不能稽考了；所謂『絕域之國，殊類之人』，也因國際交通大開，國外的實狀和傳說顯有不同，山海經的價値自然日趨低落，以至於『世人莫不疑焉』了。到了淸代開四庫館時，把牠由漢書藝文志中形法家內抽出來，而置於小說家內，這就表示山海經乃小說家的無稽之談了。

現在人類已走上極偉大的時代，世界上幾乎沒有一片土地不被人所走到，不料找到了可以印證的材料在這部書裏，加以人們有了歷史的眼光，會用古代的看法來讀古書，於是山海經的眞價値就漸漸顯現。因此，國外的地理學家，考古學家，和旅行家們，對於此書都不肯輕視。國內則因思想的解放，學術的眼光放大，尤自我師古史辨出世之後，無論那一位學者都敢懷疑古史，考證古籍，而很大膽的建立自己的假設或推論，山海經的新的評價自然也應運而興。現在先述兩位外國人對於此書的認識。

日人小川琢治氏說：『我們迄今所研究的先秦底史料，是山海經，楚辭，逸周書，穆天子傳。這些文獻，爲走那偏重經史的經學家底徑路的內外支那學者所輕視，是因爲神話傳說色彩濃厚的緣故；但其中所見的貴重的地理上智識，却比外形整飾的經史來得豐富。由這些文獻來研究在先秦時代爲中國民族所知道的世界的範圍，在西北方涉及頗遠的地方，這是其最顯著的一點』。他又說：『在這些文獻中，作爲地理最重要的山海經……其特色之一，是沒有像尙書兩典那麼將泰山及其他的五岳比別的名山特別看作神聖的傾向。如其春秋末已有兩典，那麼本書可以看做比兩典更早全不見「五帝」「九州」底區分事，也是同様可以注意的事。產物中的藥品，常說服它，佩它，這沒有脫除作爲厭勝而使用的迷信；同時極淸新的思想橫溢着：所以我們以爲要窺視在儒家產生而改削其以爲不合理的事項以前的先秦文化，這是不能忽視的資料』。——見從歷史地理學上看到的東亞文化的源流，汪馥泉譯，大陸雜誌。——小川琢治是日本著名的歷史地理學家，不論他推測山海經成書的年代有無錯誤，但他認爲山海經是古代地理書中最重要的，是研究先秦文化不能忽視的資料，我覺得是値得贊同的。其次据我所知道的法國人希勒格的中國史乘中未詳諸國考證——馮承鈞氏譯——中，完全根据了中國的史乘和國外的旅行家，人類學家，考古學家的記載或報告書，考訂了山海經中大荒東經所紀的扶桑國，大人國，君子國，白民國，玄股國，毛民國，和海外東經的勞民國等的在今日相當的地方。他說：『中國書籍中有山海經，世界中最古之旅行指南也』。又說：『山海經一書，一如希臘古代歷史家耶洛多特（Hérodote），詬謗之者頗多；然傳之愈久，眞理愈明，特須加以揀擇耳』，此誠新奇精闢之語。因山海經中所載，一般向認爲惟有在中國境內之山川的地理可以得其輪廓，而不知向所謂異方絕域的國家也不是完全找不出牠的相當的地方。海外南經的羽民國，讙頭國，三苗國，臷國，貫匈國，交脛國，不死民，岐舌國，三首國，周饒國，長臂國，海外西經的三身國，奇肱之國，丈夫國，巫咸國，女子國，軒轅之國，白民之國，肅愼之國，長股之國，海外北經的無䏿民，一目國，柔利國，深目國，聶耳國，博父國，拘纓之國，跂踵國，海外東經的大人國，君子國，青丘國，黑齒國，玄股之國，毛民之國，勞民國，扶桑國，有近人蕭鳴籟氏爲之考證，——見山海經廣雅。——其中有很可信的，又可知道牠們絕不是爲山海經的作者所憑空假造出來的。

國內學者有周樹人先生，謂山海經乃巫者之書；有蕭鳴籟先生，謂其爲『上古之世界自然地理學』，都有精到之處。但是我師在答何定生書中，批評山海經在學術上之價值，說：『我們看古書的價值，不必完全在史事的眞實上；只要牠能代表一時代的傳說卽自有牠的價值。山海經是古代神話，故事，巫術，地理觀念，博物觀念之一大結集；是我們常看見的聖道王功的系統之外的古代知識的一大堆材料：在學術上是有很大的價值的』。此雖寥寥數語，但比以上兩先生的話都更中肯，更精晐，純出於史家的觀點，自然公正多了。我也敢大膽的說，山海經中的故事，給我們保存了史乘中已丟掉的古代歷史，王靜安先生於甲骨文字中王亥之發見已十分證明了牠的功績。牠保存的神話，不但使我們知道古代人的信仰，並且使我們疑此信仰中，有一部成分乃屬外來者，——如人身獸面的神和操蛇之神等，——反映着中西文化之溝通；此事後當別爲討論。牠所保存的巫術，可使我們知道古代巫醫者流玩耍的是那一套把戲，當時人民的智識又如何的可憐。至於祭某山神要用多少牛多少羊等，這似乎又是秦漢的方士的秘笈了。牠保存的地理知識固然幼稚，但世界各國地理學有今日的發達，不是由三個步驟來的麼？最初只研究地表的現象；其後又進而研究氣圈內的現象——卽氣候的研究；其後再進而做地下之研究與氣圈外之研究，——卽天體與地質之研究。在山海經的時代，自然是在第一個階段的，雖然牠也注意到風的方向了。至於保存的博物觀念，因當日的環境爲神話所拘，並且人智初開，自不能以近日科學的眼光來批評牠。我們要就其時代立論，才可有公正的判斷；也無需把牠硬附會到鄒衍或某某人身上去。如果牠作成的相當的年代可以推出，那麼，我們便可開發牠的寶藏了。

二十二年十月二十四日，草成于北大圖書館

山海經讀後感

吳維亞

山海經之著者與著書年代，經文與注解箋疏，內容之分析，地理上之價值以及它的神話記載所給與後來人的影響等等，已經有很多學者分頭研究探討了。我這裏乃是撇這一切而不顧，只是把它當作一部尋常的書，隨便拿來瀏覽，把看過以後所得的印象與感想寫在下面：

山海經給我的第一個印象便是那個時候的世界——當時人心中的天下——是一個奇離古怪，神奧莫測，處處佈着恐怖，在在藏着危機的世界。這種觀念之產生是極自然的。一方面因爲人民受自然的壓迫，力不勝天，視天災疾苦爲非人力所能克服，於是就創造天災禍福之來歷的故事，說得越活現越好。另一方面，古代的人民囿于地理上的阻隔——山，海，江，河等——所見到的天地極小，他們便喜歡把看得見摸得到的區域以外的天地視爲和所見到所摸到的迥然不同，於是就有種種想像，種種假設，把他們的『不知道的世界』弄得愈反自然而又不自然愈好。這事觀念的結果呢，產生出原始宗教和迷信以外，還阻碍人民的探險和遠遊。

探險和遠遊對于地理智識之關係極大。現在山海經裏有許多地方是『不可以上』的，有許多地方是不可以去的，去了不是有明確的遭殃，也是凶多吉少的。所以因爲人民足跡所至範圍極小，地理智識也少。因爲地理智識淺薄，人民更不高興作遠道的旅行。既不去實地觀察世界，地理知識也就無從精確了。——這是我第一個感想。

從那些『不可以上』的不知之鄉，山海經的作者——或者也便是他的時代的代表——找到了迷信的依據和神話的原料。不過迷信信仰和神話之創造與形成根本還在利用人類本性裏的利己心與恐懼心。因爲恐懼便不得不有神明的技術來救他們脫離禍患災殃；於是看了一種鳥可以免風，見了一種獸可以禦火……。因爲利己便有趨福利的希圖：於是佩了一種草可以免勞，服了一種果可以多子孫……等等。惟其如此，果與因往往錯連，脫天災之壓迫是某種超自然勢力與作用之結果，同時也只有是那種超自然之勢力爲人類痛苦之因。這樣一來，人民求福的對象不再是看得見的物質而是冥渺莫測的神怪。因此物質文明發達受阻，自然科學遲遲難進。如果山海經所表現的這種人力難勝天然的思想的確足以代表當時人的信仰而同時又支配後代的傳統信仰與思想的，那麽也無怪中國人之遭殃罹災必歸之天意天命而不知攻克自然界實物爲免災避禍的不二法門了。——這是我的第二個感想。

神話是迷信的附屬品，話越奇特越好，事越光怪越妙，離事實愈遠愈動聽，愈能使人信。因此就有許多人所要的金銀財寶，有許多特特別別的神物，而于異獸異卉異草異鳥等等奇形怪狀，五光十色，盡想像之能事，都給他應有盡有。這些奇怪動物和牠們的動作和作用等等神話在中世紀歐洲的遊記中都很多見，不必說早在中世紀多年的山海經記載着它了。所以這一類神話中外同之，並不希奇。不過它的影響——其實是山海經全書的影響，在中國都比別處大而重。大半也爲這個緣故，中國學者不得不苦苦的多化一些時日去整理去考究。這是我的第三個感想。

至于山海經裏能找到的醫藥方面的種種，很可以給我們知道古代人民的受病的連累與痛苦。我們也可以想像他們瞎嗜瞎試藥物的偶或有之的成功與多數的失敗。不過我們還可以看到的就是他們已經知道用植物或動物來作藥治療，而不是全用巫術或祈禱等迷信來醫治。這是我的最後一個感想。

自戰國至漢末中國戶籍之增減

楊向奎

戰國之初，諸侯爭雄，國富者力強而攘地，而富國之道厥爲增民。孟子梁惠王章：

> 梁惠王曰：『寡人之於國也，盡心焉耳矣。河內凶則移其民於河東，移其粟於河內；河東凶亦然。察鄰國之政，無如寡人之用心者。鄰國人民不加少，寡人之民不加多，何也？』

是則梁王以增多其民爲治國之要務，其奬勵生殖之心躍然可識。惜文獻無徵，當時各國戶籍確數，不得詳知。第觀於各國軍士數目之夥多及都市人口之繁密，可以想像：雖當時不斷戰爭，殺人盈城盈野，而人口則有增無減。今舉數例以明之。國策趙策：

> 當今之時，山東之建國莫如趙強。趙地方二千里，帶甲數十萬。

齊策：

> 齊地方二千里，帶甲數十萬，粟如丘山。……臨淄之中七萬戶，臣竊度之：下戶三男子；三七二十一

萬，不待發於遠縣，而臨淄之卒固已二十一萬矣。……臨淄之途，車轂擊，人肩摩，連衽成帷，舉袂成幕，揮汗成雨。

此外據國策，楚帶甲百萬；秦奮擊百萬；韓帶甲十二萬；魏武力二十餘萬，蒼頭二十萬，奮擊二十萬，厮徒十萬；燕帶甲數十萬。合七國之兵，不下三四百萬，而宋衞中山尚不與焉。此雖屬蘇秦口中誇大之詞，然由與其相反者之口中猶可得此中眞數。魏策：

張儀爲秦連横，說魏王曰，『魏地方不至千里，卒不過三十萬人』。

蘇秦所謂魏兵六十餘萬者，此只云三十萬，則以上之數當去其半，然固尚有二百萬之譜也。觀二千年前之中國大城已有七萬戶，二十餘萬男子者，卽此可知當時人口繁密之程度矣。

及戰國末與秦初，戶籍仍有增無減。孟嘗君封於薛，有戶六萬。呂不韋封侯，有十萬戶。迨至漢初，人口反銳減，蕭何封酇侯僅八千戶，曹參最多僅萬六百三十戶。以視呂田，十與一之比耳。人口消減程度，不於此中透露消息乎？又漢書陳平傳：

高帝南過曲逆，上其城，望室屋甚大，曰，『壯哉！吾行天下，獨見雒陽與是耳』。顧問御史，『曲逆戶口幾何？』對曰：『始秦時三萬餘戶。間者兵數起，多亡匿，今見五千餘戶』。

秦時三萬戶，漢初但餘五千戶，則其他郡國自亦難望戶口之增加已。

此後漢政玄默無爲，與民休息，人口漸增，其數載於漢書地理志，可得而知也。但至東漢，人口反又減少。今比較前後兩志之數如下：

前漢志：民戶千二百二十三萬二千六十二。

口五千九百五十九萬四千九百七十八。

後漢志：民戶九百六十九萬八千六百三十。

口四千九百一十五萬二百三十。

前漢所記爲平帝元始二年之數，後漢所記爲順帝永和五年之數。此一百三十餘年之間，而戶減去二百五十三萬四千四百三十二，口減去一千零四萬四千七百五十八，可謂劇矣。

此後至桓帝時，戶口又稍增。永壽三年有：

戶千六十七萬七千九百六十，

口五千六百四十八萬六千八百五十六。

以之與西漢相較，尚未復原狀也。漢末分崩，天下紛亂，黃巾爲之前，董卓爲之後，魏蜀吳又殺伐相循，故晉統一後計算人口，乃大減少。晉志記太康元年：

戶二百四十五萬，

口一千六百一十六萬三千八百六十三。

以之與桓帝時相較竟成五與一之比，不可悲耶！人口耗減之原因甚多，除戰爭外當尚有若干可求之理由。現時中國天災人禍，既頻且劇，人口減少之速度較之漢末必更甚矣。

漢書地理志所記掌物產之官

袁鍾姒

(1)有鐵官者——凡四十六：

京兆尹 鄭　左馮翊 夏陽　右扶風 雍

右扶風 漆　弘農郡 宜陽　河東郡 安邑

河東郡 皮氏　河東郡 平陽　河東郡 絳

太原郡 大陵　河內郡 隆慮　河南郡

潁川郡 陽城　汝南郡 西平　南陽郡 宛

廬江郡 睆　山陽郡　沛　郡 沛

魏　郡 武安　常山郡 都鄉　涿　郡

千乘郡　濟南郡 東平陵　濟南郡 歷城

泰山郡 嬴　齊　郡 臨淄　東萊郡 東牟

琅邪郡　東海郡 下邳　東海郡 朐

臨淮郡 鹽瀆　臨淮郡 堂邑　丹陽郡 沔陽

蜀　郡 臨邛　犍爲郡 武陽　犍爲郡 南安

隴西郡　右北平 夕陽　漁陽郡 漁陽

遼東郡 東郭　中山國 北平　城陽國 莒

東平國　魯　國 魯　楚　國 彭城

廣陵國

(2)有鹽官者——凡三十五：

河東郡 安邑　太原郡 晉陽　南　郡 巫

鉅鹿郡 堂陽　勃海郡 章武　千乘郡

北海郡 都昌　北海郡 壽光　東萊郡 曲成

東萊郡 東牟　東萊郡 㡉　東萊郡 昌陽

東萊郡 當利　琅邪郡 海曲　琅邪郡 計斤

琅邪郡 長廣　會稽郡 海鹽　蜀　郡 臨邛

益州郡 連然　犍爲郡 南安　巴　郡 朐忍

隴西郡 三水　北地郡 弋居　上　郡 獨樂

上　郡 龜茲　西河郡 富昌　朔方郡 沃壄

朔方郡 廣牧　五原郡 成宜　鴈門郡 樓煩

漁陽郡 泉州　遼西郡 海陽　遼東縣 東郭

南海郡 番禺　蒼梧郡 高要

(3)有工官者——凡六：

河南郡　南陽郡 宛　濟南郡 東平陵

泰山郡 奉高　廣漢郡 雒　蜀　郡 成都

(4)有橘官者——凡二：

巴　郡 朐忍　巴　郡 魚復

(5)有木官者——凡一：

（6）有金官者——凡一：
蜀郡 嚴道
（7）有服官者——凡一：
桂陽郡
（8）有均輸官者——凡一：
陳留郡 襄邑
（9）有陂官者——凡一：
千乘郡
（10）有湖官者——凡一：
九江郡
（11）有圃羞官者——凡一：
九江郡
（12）有涯浦官者——凡一：
南海郡
（13）有羞官者——凡一：
南海郡 中宿

以上掌物產之官，或爰古制，或新設置。前者如工官，謂司工之官也。禮記月令，『孟冬之月，……命工師效功』，注『工師，工官之長』。漢書貢禹奏，『方今三工官費五千萬』，注，『三工官謂少府之屬官』。又木官，殷時天子六工之一（見禮），蓋即周制『攻木之工』，梓人，輿人之類也。又金官，即周官『攻金之工』，鳧氏，㮚氏之類也。又鐵官，据史記『司馬靳孫昌爲秦主鐵官』，是鐵官始於秦時，至漢於三輔及郡縣產鐵之處皆置之。

後者如鹽官，漢時凡郡縣出鹽多者，皆置之，以主鹽稅。又橘官，武帝時有橘官，秩二千石，主貢御橘。又均輸官，漢武用桑弘羊策，置均輸官，令遠方各以其物相灌輸，大農諸官盡籠天下之貨物，貴賤買賣，謂之均輸。

此外若服官，陂官，湖官，圃羞官，涯浦官，以及羞官等，要皆主服御珍羞之事以進於天子者也，其設置之年代則未詳。

編後

顧頡剛

頡剛七年以來，在各大學任『中國上古史』課，總覺得自己的知識太不夠，尤其是地理方面，原爲研究歷史者迫急的需要，但不幸最沒有辦法。材料固然很多，但我們苦於不能用它！說要擷取一點常識來敷衍罷，這不但在自己的良心上過不去，而且就是這一點常識也不容易得到。我常常感覺，非有一班人對于古人傳下的原料作深切的鑽研，就無法抽出一點常識作治史學或地學的基礎。因此我就在燕京和北大兩校中改任『中國古代地理沿革史』的功課，借了教書來逼着自己讀書。預計這幾年中，只作食桑的蠶，努力搜集材料，隨時提出問題：希望過幾年後，可以吐出絲來，成就一部比較可靠的『中國古代地理沿革史講義』（我只敢說講義，不敢說眞正的沿革史，因爲要做一部像樣的史是數十年後的成就），讓願意得到常識的人有地方去取資。很欣幸的，兩校同學贊同我這個主張，肯和我切磋琢磨，每次課作都作得很精細，又很能提出自己的見解，使我感覺到我們這個課程有極遠大的前途。

同時，譚季龍先生（其驤）在輔仁大學擔承『中國地理沿革史』一課，假期相逢，每每討論這些問題，使我受益不少。我們覺得研究學問的興趣是應當在公開討論上養成的，我們三校的同學如能聯合起來，大家把看得見的材料，想得到的問題，彼此傳告，學業的進步一定很快速。而且這項學問，前代因爲沒有精確的地圖和辭典等可以依據，所以很不發達。現在則製圖術大進步了，何況我們在北平，什麼材料都容易看見，我們儘有超出於上課的工作可做。爲要造成大家工作的勇氣與耐性，所以我們決定辦這個半月刊。這個刊物是以三校同學的課藝作基礎的。但外面的投稿，我們一例歡迎。

爲求簡單而明瞭，這個刊物採用了『禹貢』二字，因爲禹貢篇是研究中國地理沿革史的學問的出發點。但我們期望中的成績是應遠超於禹貢之上的。又我們所討論的地理沿革，並不限于上古地理；就是中華民國的設區設道以及市縣的增減材料，也在我們的搜集之中。不過漢以前的，材料少而問題多，材料彼此都可看見，問題彼此都可明曉，所以這方面的文字較多些而已。希望讀者能承受我們這個意思，勿重古而輕今。

這個刊物是我們練習做研究工作的一個機關，所以希望讀者不要用很嚴格的眼光來看，也不要對於我們最近的成就有太苛的責望。只要時局不至大混亂，容我們一步一步地走下去，將來必可有正式的研究報告貢獻於讀者之前。所以現在我們所祈望於社會的，是多給我們培植和保護。我們現在是一羣小孩，小孩時能受好教育，長成了纔

可任大事業咧！

下面說些我對於本期諸文的商榷。

在雲土夢一文中，作者致疑於山經的沒有雲夢，以爲或是東山經的深澤和西山經的泑澤。按東次三經屢道『流沙』，又云『東望榑木』（即扶桑），分明是在海邊。西次三經的泑澤是河原，在昆侖之東，也離雲夢很遠。我想，中次十二經云『神于兒……常遊於江淵』，又云，『洞庭之山……帝之二女居之，是常遊於江淵，澧沅之風交瀟湘之淵，是在九江之間』，既有洞庭，又有澧，沅，瀟湘，大約所謂江淵就是指的夢夢吧？中次八經云，『神鼉圍……恒遊于睢漳之淵』，又云，『神計蒙恒遊于漳淵』，睢（沮）與漳爲『楚之望』，而漢志所謂『有雲夢官』的編縣正在睢漳二水之間，杜預所謂『有雲夢城』的枝江縣正在睢水西岸，大約所謂睢漳之淵也就是指的雲夢吧？

職方冀州境界問題文中，於孫詒讓說兗州疆域『東至海，東北亦至海』提出疑問。我覺得這是孫氏的錯誤。兗州在禹貢裏自然東至海，但在職方裏則必不能東至海。職方裏於兗州說『其川河泲』，於幽州也說『其川河泲』，而幽州則自遼東半島至山東半島的，可見河與泲入海的地方已爲幽州所佔有了。再看職方九州定界，在內地的用河，在邊隅的用方向，而兗州也是用河，更可見其不至海。

關於『雲夢宮』及漢志掌物產官的問題，也有一些意見。排不下了，下次再談。

廿三，二，廿五。

出版者：禹貢學會。
編輯者：顧頡剛，譚其驤。
出版日期：每月一日，十六日。
發行所：北平成府蔣家胡同三號禹貢學會。

禹貢

半月刊

The Evolution of Chinese Geography Semi-monthly Magazine.

價目：每期零售洋壹角。豫定半年十二期，洋壹圓；全年二十四期，洋貳圓。郵費加一成半。國外全年加郵費八角。

第一卷　第二期

民國廿三年三月十六日

代售處

北平北京大學史學系王樹民先生
北平燕京大學哈佛燕京社
北平燕京大學史學系李子魁先生
北平輔仁大學史學系史念海先生
北平清華大學史學系吳春晗先生
北平師範大學國文系羅根澤先生
北平女子文理學院侯堮先生
天津河北女子師範學院班書閣先生
青島山東大學丁山先生
濟南齊魯大學史學系張立志先生
開封河南大學史學系楊鴻烈先生
南京中央大學史學系謝國楨先生
上海暨南大學江應樑先生
杭州之江學院顧敦鍒先生
安慶安徽大學周予同先生
武昌武漢大學史學系吳其昌先生
成都四川大學文學院劉以塘先生
廈門廈門大學史學系鄭德坤先生
廣州中山大學文史研究所羅香林先生
廣州嶺南大學容肇祖先生
廣州協和神學院李鏡池先生
河北遵化初級中學趙巨川先生
北平北平圖書館王以中先生
杭州浙江圖書館夏廷域先生
蘇州江蘇第二圖書館陳源遠先生
北平景山東街十七號景山書社
北平景山大石作大學出版社
北平西單商場大學出版社營業部
北平和平門外大街文化學社
北平東安市場岐山書社
北平西單商場增華書社
北平琉璃廠松筠閣書舖
北平成府競進分社
濟南西經大街東方書社
南京中央大學門前鍾山書局
上海五馬路亞東圖書館
重慶天主堂街重慶書店

本刊業已遵章呈請登記

古史中地域的擴張

顧頡剛

二

夏代的歷史，我們固然得不到實物作證據，但即就書本上的材料看來，那時的國都有說陽城的，有說陽翟的，又有說帝丘的，晉陽的，安邑的，反正離不了現在河南省的北部和山西省的南部，帶着一點兒河北省的南端。因此，史記吳起列傳裏說：

夏桀之居，左河濟，右太華，伊闕在其南，羊腸在其北。

這個疆域不過佔有了黃河下游一段地方。他們的敵國和『與國』，如窮，寒，鬲，仍，斟灌，斟尋等等都在山東省，又可知那時與夏朝交通的只有濟水流域爲繁密。

商民族大約起自東北（說見傅斯年先生東北史綱），滅夏而佔有中原；比較夏代的疆域，惟有東北方是添出來的，所以相土會得『海外有截』，王亥會得游牧到有易，箕子會得退保朝鮮，而殷虛中掘出來的東西有鹹水貝和鯨魚骨。其它方面，並沒有進步。因此，商頌雖誇言武功，然而說到『邦畿』，仍只有『千里』。至於『與國』，西邊多出了氐，羌。但商是被西方的周民族所滅的，周民族與姜姓民族是累世的婚姻，而姜與羌實爲一字，所以與其說商的勢力西展至羌，毋寧說羌的勢力東展至商。

到了周人入主中原之後，疆域又寬廣了些。左傳昭九年，記周景王之言曰：

我自夏以后稷，魏，駘，芮，岐，畢，吾西土也。及武王克商，蒲姑，商，奄，吾東土也。巴，濮，楚，鄧，吾南土也。肅愼，燕，亳，吾北土也。

這裏所說的，東土是夏商時的中原，北土是商增於夏的境域，西土是周人的老家，惟有南土是新開闢的。我們看左傳上說的『昭王南征而不復』，大雅裏說的『江漢之滸，王命召虎，式辟四方』（江漢），及『整我六師，以修我戎；既敬既戒，惠此南國』（常武），可知當時對於開闢南疆是怎樣的努力。然而巴，濮，楚，鄧，周亦不能有，這句話只表示其聲威所及之遠而已。實際上，周的南境不過到申，呂，許，就是今河南省的南部。因爲這樣，所以孟子提到三代，只說：

夏后，殷，周之盛，地未有過千里者也。

這句話固然說得籠統些，三代的疆域是不相等的，周比了夏恐要大上兩三倍，但孟子時的古史地域沒有擴張，即此可以作證。

到了戰國，各強國竭力的『辟土地，充府庫』，中原的小國家既盡爲所吞併，向日沒有來往的蠻夷之地亦莫不爲所侵略，『方千里』就算不了一回事。七國之中，尤以秦楚爲大。荀子彊國篇云：

> 秦……威彊乎湯武，廣大乎舜禹。……曷謂『廣大乎舜禹』也？曰：古者百王之一天下，臣諸侯也，未有過封內千里者也。今秦南乃有沙羨與俱，是乃江南也；北與胡貉爲鄰；西有巴戎；東在楚者乃界於齊，在韓者踰常山乃有臨慮，在魏者乃據圉津，去大梁百有二十里耳，其在趙者剡然有苓而據松柏之塞，負西海而固常山：是地徧天下也。……此所謂『廣大乎舜禹』也。

他所說的是秦未滅六國時的疆域。拿現在的地方說來，是他們有了陝西和四川兩省（『北與胡貉爲鄰，西有巴戎』，又那時秦已滅蜀了），又湖北省的南部（漢書地理志，沙羨縣屬江夏郡），河南省的北部（漢志，河內郡有隆慮縣，臨與隆同紐通假），山東省的西部（圉津，楊倞注，『圉，當爲圍，漢書「曹參渡圍津」，顏師古曰，「在東郡」』），河北省的南部（苓，楊倞注，『未詳所在。或曰，苓與靈同；漢書地理志，常山郡有靈壽縣，今屬眞定』）。地方固然不小，但除了陝西和四川外，都是些零星小塊。荀子於此已詫爲『廣大乎舜禹』，然則舜禹之地將狹小到怎樣程度呢？即此可見到了戰國末年，還不曾把古代的地域放大。

其後始皇二十六年，成了統一的功業，丞相王綰等上帝號議云：

> 昔者五帝地方千里，其外侯服夷服諸侯或朝或否，天子不能制。今陛下興義兵，誅殘賊，海內爲郡縣，法令由一統，自上古以來未嘗有，五帝所不及。

講到五帝的國土，還不過『方千里』，遠不及始皇疆域之廣；始皇的疆域是『自上古以來未嘗有』的。

始皇三十四年，置酒咸陽宮，僕射周青臣進頌道：

> 他時秦地不過千里；賴陛下神靈明聖，平定海內，放逐蠻夷，日月所照，莫不賓服。以諸侯爲郡縣，人人自安樂，無戰爭之患，傳之萬世：自上古不及陛下威德。

這又是說的『自上古不及陛下威德』。秦始皇之地至於『日月所照，莫不賓服』，他是何等地可以驕傲！

因爲他有了這樣的驕傲，所以他巡行所及，常常令羣臣刻石頌秦功德。當二十八年，他登琅邪時，刻石道：

> ……普天之下，摶心揖志，器械一量，同書文字。

日月所照，舟輿所載，皆終其命，莫不得意。……六合之內，皇帝之土，西涉流沙，南盡北戶，東有東海，北過大夏：人迹所至，無不臣者。功蓋五帝，澤及牛馬。……

這更淸淸楚楚地把他的疆域四至表示出來。在舉出了這四至之後再來一句『功蓋五帝』，見得他所有的確已超過了他們。

讀者應當記着：中國的疆域由夏到秦，是這樣一次一次放大的，在秦始皇之前不曾有過這樣廣大的版圖。然而一班學者不願意始皇專美於後，於是他們裝飾始皇以前的帝王，使他們的疆域各各和始皇同樣地廣大，或者還超過了他。

我們先看淮南子。主術訓云：

昔者神農之治天下也，……其地南至交阯，北至幽都，東至暘谷，西至三危，莫不聽從。

又云：

紂兼天下，朝諸侯，人迹所及，舟檝所通，莫不賓服。

氾論訓云：

夏桀殷紂之盛也，人跡所至，舟車所通，莫不爲郡縣。

泰族訓云：

紂之地，左東海，右流沙，前交趾，後幽都。

再看大戴禮記中的五帝德，它說顓頊是：

乘龍而至四海：北至于幽陵，南至于交趾，西濟于流沙，東至于蟠木。……日月所照，莫不砥礪。

說到帝嚳，是：

日月所照，風雨所至，莫不從順。

說到帝堯，是：

四海之內，舟輿所至，莫不說夷。

說到帝舜，是：

南撫交趾，大，教；(西)鮮支，渠庾，氐，羌；北山戎，發，息愼；東長，鳥夷，羽民。

說到禹，是：

巡九州，通九道，陂九澤，度九山，……據四海，平九州，戴九天。……四海之內，舟車所至，莫不賓服。

再看禹貢，它舉出的東西二至是：

東漸于海，西被于流沙。

再看堯典，是：

分命羲仲，宅嵎夷，曰暘谷。……申命羲叔，宅南交。……分命和仲，宅西，曰昧谷。……申命和叔，宅朔方，曰幽都。

再看鄭玄禮記王制注，是：

禹承堯舜，……要服之內地方七千里。……夏末既衰，夷狄內侵，諸侯相幷，土地減，國數少。殷湯承之，更制中國方三千里之界，亦分爲九州。……周公復唐虞之舊域，……其要服之內亦方七千里。

再看賈公彥周禮職方疏，是：

自神農以上有大九州，柱州，迎州，神州之等。至黃帝以來，德不及遠，惟於神州之內分爲九州，故括地象云『崑崙東南萬五千里名曰神州』是也。

我們不必再引什麼了！現在就把他們兩方面的說話比較一下罷。

本來夏桀之國不過從河濟到華山的，現在則『人跡所至莫不爲郡縣』了。本來商人自己說『邦畿千里』的，現在則『殷湯制中國方三千里之界』了。本來周的聲威所及不過今河南，河北，陝西，山西，山東，湖北幾省，現在則要服之內已方七千里，連要服外算來就方萬里了。孟子所說的『夏后，殷，周之盛，地未有過千里者也』，荀子對於未統一時的秦已詫歎爲『廣大乎舜禹』，這不是全未讀書嗎？儒家的兩位大師，爲什麼他們的眼孔會這等小？

本來『以海內爲郡縣』是秦始皇的創舉，現在則夏桀殷紂時『舟車所通莫不爲郡縣』了。本來『西涉流沙，東有東海』是秦始皇的疆域，現在則不但禹的地方如此，就是紂的地方也如此了。本來『日月所照，莫不賓服』是秦始皇時的情形，現在則不但顓頊，帝嚳，堯，禹都已如此，就是紂時也已如此了。本來『五帝地方千里』，秦始皇的功業是『五帝所不及』，現在則『神農以上有大九州』，自黃帝以來雖因德衰而只有大九州中的一州，然而也已有『萬五千里』了。於是就證明了秦始皇的無聊的驕傲！不知道他爲什麼不去讀一讀堯典和五帝德？

不但在地域方面他完全鈔了五帝三王的老文章，就是政治方面也是如此。『器械一量』，不是他在琅邪刻石上自己稱贊的嗎？然有堯典上早有『同律度量衡』之語了！我眞不明白他爲什麼要燒書，要把『偶語詩書』的棄市，要把『以古非今』的族誅？我們拿了堯典和秦始皇本紀合讀，除了焚書坑儒之外，他封禪也照做了，巡狩也照做了，分州(郡)也照做了，各種的統一的政令也照做了，他眞是復生的堯舜，而他的一班輔佐也儘是些『法先王』的人了。

這樣的一個復古的人，爲什麼生怕別人引用了古書來議論他？

古史中地域的擴張是這樣來的。我們不必攻擊傳說，我們且去尋出它的背景。

廿三，三，二。

遼史地理志補正

譚其驤

上京臨潢府——契丹國志四京本末，『上京臨潢府乃大部落之地』。又本志開州下云，『太祖平渤海，徙其民于大部落』。大部落當係此時通俗之稱。

天顯十三年更名上京，府曰臨潢。——按天顯十三年十一月改元會同，紀書改元在前，『詔以皇都爲上京，府曰臨潢』在後，則此曰『天顯十三年』宜改曰『會同元年』。

泰州德昌軍節度，海北州廣化軍中刺史，通州安遠軍節度，賓州懷化軍節度，祥州瑞聖軍節度，海州南海軍節度，淥州鴨淥軍節度，開州鎮國軍節度，保州宣義軍節度，雙州保安軍下節度，錦州臨海軍中節度，來州歸德軍下節度。——契丹國志州縣載記節鎮三十三處，海北州其一；建觀察防禦團練使八處，泰州其一；通，賓，祥，海，淥，開，保，雙，錦，來諸州皆係刺史州，與此異。見於國志者當係初制，此則後之改制也。

又國志州縣有不載於地理志者，節鎮：錦州，饗州，萊州，同州；刺史：勝州，温州，松州，山州，武德州，新州，衛州，燕州，蘋州，邑州，古州，演州，弘東州，仙澗州，文州，蘭州，慎州，拱州，渝州，宋州，許州，雩州，平州；投下：驢州，隨州，衛州，和州，澄州，全州，義州，員州，唐州，粟州，黑州，河州，茂州，曷董縣，五花縣。（又有節鎮『坤州』，當即地理志之儀坤州；投下『徵州』，當係徽州之誤；『問州』，當係閭州之誤；『濠』當卽壕州；『遂昌州』疑即遂州）。國志雖荒陋，當不至憑空揑造，則地志難辭疏漏之責矣。

頭下軍州，征稅各歸頭下。——『頭下』或作『投下』，據此知『頭下』是也；『投』蓋俗字。頭下州唯上京道有之，見於志者凡十六，見於契丹國志州縣載記者凡二十三，中惟六州相同。六州而外，契丹國志二十三州之中，十三州州名皆不見於志，其荊，榮，麓，宗四州則見於東京道爲刺史州。志於宗州下云，『耶律隆運以所俘漢民置；聖宗立爲州，隸文州王府；王薨，屬提轄司』，據此知國志所據册籍在王薨之前，而志所據則在其後。又貴德州下云，『太宗時察割以所俘漢民置。後以弒逆誅沒入焉』；遂州下云，『耶律頗德以部下漢民置，穆宗時頗德嗣絕沒入焉』；雙州下云『漚里僧王從太宗南征，以所俘鎮定二州之民建城置州，察割弒逆誅沒入焉』；川州下云『太祖弟明王安端置，會同三年詔爲白川州，安端子察割以大逆誅沒入，省曰川州』：是四州初置時皆係頭下州。

上京道頭下成州，懿州。——按中京道已有成州，東京道已有懿州，此複出。初，聖宗女晉國長公主以上賜媵戶置成州，軍曰長慶；越國公主以上賜媵戶置懿州，軍曰慶懿，更曰廣順：並隸上京。後成州改隸中京，更軍名曰興府；懿州改隸東京，更軍名曰寧昌。志但當於中京道成州，東京道懿州下並增一句曰『初隸上京道，爲投下州』，斯可矣，不應重見於此也。太平三年賜越國公主私城之名曰懿州，軍曰慶懿，見聖宗紀；志又於上京道懿州下誤『越國公主』爲『燕國公主』。

肅州，重熙十年州民亡入女直取之復置。——紀重熙九年十二月，『以所得女直戶置肅州』。

西京大同府，唐雲中大同軍節度；晉高祖代唐，以契丹有援立功，割山前代北地爲路，大同來屬，因建西京敵樓棚櫓具，廣袤二十里，元魏宮垣占城之北面，雙闕尙在。遼既建都，用爲重地，非親王不得主之；初有大同軍節度，重熙十三年升爲西京，府曰大同。——按重熙十三年改雲州爲西京，見興宗紀，志序亦謂『興宗升雲中爲西京，於是五京備焉』。今於『重熙十三年升爲西京』句前一再謂『因建西京』，『遼既建都』，一若重熙前已有西京，殊不可解。

武州，魏置神武縣；唐末置武州；唐改毅州；重熙九年復武州。——按唐武州治文德縣，故城在今察哈爾宣化縣。僖宗改毅州；後唐太祖復武州；明宗又爲毅州；潞王仍爲武州；石晉割獻於遼更曰歸化州：已見本卷上文。此治於神武縣之武州故城在今山西神池縣東北，初與唐之武州無涉，蓋重熙所創置。志云『唐末置武州；唐改毅州；重熙復』者誤也。

金肅州——兵衞志作『金肅軍』，豈初置爲軍，後改爲州乎？

洪水傳說之推測

馮家昇

洪，或作洚，或作鴻。說文第十一篇，『洪，洚水也，從水共聲』。『洚，水不遵道，一曰下也，從水夅聲』。孟子滕文公篇引書曰『洚水警予』，釋云『夅水者，洪水也』。告子篇，『水逆行謂之洚水，洚水者洪水也』。釋詁曰，『洪，大也』，引伸之義也。孟子以洪釋洚，許以洚釋洪，是曰轉注。鴻與洪同。尸子『河出于孟門之上，大溢橫流，無有丘阜，高陵，盡皆滅之，名曰鴻水』。史記河渠書引夏書曰，『禹抑鴻水』。淮南子本經訓，『鴻水漏，九州乾』。地形訓『凡鴻水淵藪……』。隨巢子『禹娶塗山，治鴻水』。禮記祭法『鯀鄣洪水，而殛死』。故洪，洚，鴻，三字實相通用。

攷洪水，世界各民族幾無不有其傳說，其著者若巴比倫，猶太，印度，波斯，雲南猓猓等均有此神話。據Chaldea 之 tablet 謂『上覆無天，下載無地之時，洪水橫溢，是爲洪荒之世』。巴比倫史家 Berosos 之遺書，謂紀元前三萬七千年，有大洪水，乃一神西蘇斯羅斯所造。洪水前有十王，凡四十三萬年；洪水後經八十六王，凡三萬四千年，而入Chaldea正史時代（見Encyclopedea Britanica)。舊約全書創世紀云，『洪水當氾濫在地上的時候，挪亞整六百歲，……耶和華就把他關在方舟裏頭。洪水氾濫在地上四十天，……凡在地上有血肉的動物，就是飛鳥，牲畜，走獸，和爬在地上的昆蟲，以及所有的人都死了，……只留下挪亞和那些與他同在方舟裏的。水勢浩大在地上，共一百五十天』。印度古書Satapatha Brahmanna云，『現世人類之祖先摩奴，一日洗手於河，有魚浮於水面，謂摩奴曰，「飼我，汝將得救」。摩奴依言飼之。魚曰，「今年必有大水，君造舟，舉家從余避難」。摩奴造舟，洪水果至。乃棹舟從魚至北山之巔。及洪水去，乃下山。萬物皆滅，唯摩奴一家得救』。日人安成貞雄譯地球之生滅上編引波斯神話云，『全身由猛火而成之巨龍，從南方翔於天空。天地晦冥，日月無光。……大雨如傾盆，其熱如沸湯。地上氾濫之濁水，高過人頂。經九十晝夜，暴風吹來，洪水漸退，火龍始隱於地中』。日人鳥居龍藏謂『最近發見之雲南猓猓古書，亦言古有宇宙乾燥時代，其後卽洪水時代。有兄弟四人，三男一女，各思避水。長男乘鐵箱，次男乘銅箱，三男與四女同乘木箱。其後惟木箱不沒，而人類遂存』（王桐齡中國史第一編頁二〇六引）。觀此，則洪水之傳說不惟中國所有，世界各古民族幾俱有之也。

洪水之解釋，前人意見多以爲冰川南下以後，人類之回憶。主人種一元說者，則謂在某時代，地球表面曾起一大變化，大陸沈爲洋海，世界生物同歸於盡。最終之人類，奔避於世界最高之地，——帕米爾高原，——經若干年，地球表面漸收斂爲海洋，爲陸地，即現世人類之始祖。由此分佈，繁衍各洲，故各地古民族中猶多存此神話（見安成貞雄譯地球之生滅上編，（六）冰河時代）。又一說，則謂洪水本起於一地，其他民族受此傳說之影響，而以此神話散播於其民族間，若原始洪水眞起於其地者。主此說者如H. G. Wells，其言曰，『洪水故事，傳說於各古民族間。蓋新石器時代，地中海曾有一度之氾濫，而爲各民族所記憶也。近來發掘，巴比倫所傳之開天闢地及洪水故事，尙在猶太復興之前，故論聖經者多以舊約開首數章所載乃猶太人爲俘虜時所得云』。（見The Outline of History P. 218.)

前說不免懸猜，後說尙不無理由。如猶太洪水後，只留挪亞一家，印度亦傳唯留摩奴一家；巴比倫傳創世後有洪水，猶太亦云先有亞當夏娃而後有挪亞云。

據前說則因冰川南下所致，然攷冰川之最末次距今約五萬年以上。巴比倫傳稱最古之民族，亦不過距今五六千年，中國最多（自黃帝起）亦不過四千餘年，余不信渾渾噩噩之原始人類能有此堅久之記憶。據後說則因一說之傳佈，然雲南猓猓亦有其說，果又得自何地？

攷古代民族多居大河流域。巴比倫爲Tigris, Euphrates二河。印度爲恒河，印度河。波斯北有裏海。雲南山巒起伏，河流湍急。中國之黃河，每遇夏秋橫溢，頓成水災。其時人民智識簡陋，工具不利，一遇泛濫，束手無策，馴致其所佔之區域爲水淹沒，人類禽獸草木隨之以俱斃，即所謂洪水也。古代人民對於地域之觀念甚狹隘，即以中國而言，兩漢以前常以天下不出中國，蓋以所知爲中國也。想荒古人類奠居一隅，其觀念之狹隘當尤甚。因其地域觀念甚狹隘，故彼等所佔之區域有『洪水』，即以天下有『洪水』也。巴比倫然，印度然，猶太然，波斯然，中國亦然。故若持此見解以推測中國洪水之傳說，則庶幾矣。

中國之黃河自古爲北方大害，每當下流淤積，上流即氾濫橫溢，故外人稱之爲『中國患』Sorrow of China。其時夏族正居黃河流域，故一遇黃河氾濫，則謂天降洪水，遂誤以部分的水災作爲普徧的大禍。且『在中國地層內

實無同時均遭洪水之遺跡，此爲地質學上最有勢力之反證』。（見陸懋德中國上古史頁二五）

中國所傳之洪水，稽之百家所言，不惟發于堯時，且有謂見於燧人氏，顓頊時者。

（一）見於燧人氏說舉例

『燧人氏時，天下多水。』——北堂書鈔卷十引尸子

（二）見於顓頊說舉例

『昔者共工與顓頊爭爲帝，怒而觸不周之山，天柱折，地維絕。天傾西北，故日月星辰移焉。地不滿東南，故水潦塵埃歸焉。』——淮南子天文訓

（三）見於帝堯時說舉例

『湯湯洪水方割，蕩蕩懷山襄陵，浩浩滔天，下民其咨。』——堯典

『洪水滔天，浩浩懷山襄陵，下民昏墊。』——皋陶謨

『當堯之時，水逆行，氾濫於中國，蛇龍居之。民無所定，下者爲巢，上者爲營窟。』——孟子滕文公下

（四）見於帝舜時說舉例

『舜之時，共工振滔洪水以薄空桑，龍門未開，呂梁未發，江淮通流，四流溟涬。』——淮南子本經訓

『舜乃使禹疏三江五湖，闢伊闕，導瀍澗；平通溝陸，流注東海。鴻水漏，九州乾，萬民皆寧其性。』——本經訓

燧人氏，顓頊，堯，舜有無其人，今且勿論。黃河自古爲患，想上古之氾濫必不止一二次。故今假定燧人，顓頊，堯，舜爲代名詞，或幾個符號，劃分洪水發生經過之時期，亦無不可。誠如是，則中國洪水之發生，至少當有三四次。

治水之人相傳曾有四人：其一，女媧；其二，共工；其三，鯀；其四，禹。

（一）女媧治洪水舉例

『於是女媧鍊五色石以補蒼天，斷鼇足以立四極，殺黑龍以濟冀州，積蘆灰以止淫水。蒼天補，四極正；淫水涸，冀州平；狡蟲死，顓民生。』——淮南子覽冥訓

（二）共工治洪水舉例

『昔共工氏棄此道也，虞于湛樂，淫失其身，欲壅防百川，墮高堙庳以害天下。』——周語下

昇按共工氏各書言之違異。淮南子原道訓，天文訓，詮言訓皆謂共工爲水害，山海經海外北經，大荒北經則謂其臣相柳，相繇爲害。而國語魯語上又謂『共工氏之伯九有也，其子曰后土，能平九土，故祀以爲社』。小戴禮記祭法云，『共工氏之霸九州也，其子曰后土，能平九州，故祀以爲社』。與鯀禹之傳說如出一轍。或共工亦如鯀之治水未成，而子后土如禹繼鯀而平水土乎？

（三）鯀治洪水舉例

『僉曰：「於！鯀哉！」帝曰：「吁，咈哉！方命圮族」。岳曰：「异哉。試可乃已」。帝曰：「往欽哉！」九載，績用弗成。』——堯典

『鯀鄣洪水而殛死。』——魯語上

『洪水滔天，鯀竊帝之息壤以堙洪水，不待帝命。帝令祝融殺鯀于羽郊。』——山海經海內經

（四）禹治洪水舉例

『禹疏九河，瀹濟漯而注諸海，決汝漢，排淮泗而注諸江，然後中國可得而食也。當是時也，禹八年於外，三過其門而不入。』——孟子滕文公上

『禹抑鴻水，十三年過家不入門。陸行乘車，水行載舟，泥行蹈毳，山行即橋，以別九州。隨山浚川，任土作貢，通九道，陂九澤，度九山。』——史記河渠書引夏書

今日所存之史料，不但女媧共工鯀未能直接証明其人之有無；即禹亦係問題，甲骨文未發現其名，僅西周以後之古器銘略有所載，如齊侯鎛鐘『處禹之堵』，秦公敦『鼏宅禹蹟』，故近人有疑『禹爲動物出於九鼎』之說（見古史辨第一冊頁一一九），又有謂『夏爲商前之南方大國』（見中山大學語言歷史學研究所週刊第五集頁十九），然彼等所持之理由尚嫌不足，未有確切証據前亦未能成定論也。今即使假定古無其人，而黃河爲患，先民必有設法治之者，故女媧，共工，鯀，禹諸人視爲當時治水者之代名詞，未嘗不合于理。

欲攷洪水傳說之起原地，須先攷堯，舜，禹舊都之所在。舊說堯都平陽，舜都蒲坂，禹都安邑，而左傳襄公六引夏書云，『惟彼陶唐，率彼天常，有此冀方』，按冀方即河內（周禮夏官），今山西太原縣北疑即其地。史記

貨殖傳云，『唐人都河東』，集解曰，『晉陽也』，晉陽即今太原。堯都此，舜亦都此，禹之初當亦居此。『蓋洪水時代太原一帶地勢高峻，未沒於水，故堯舜禹均居於此』（見陸懋德上古史頁二八）。二說雖不同，要之皆謂佔汾水流域，而洪水之起原之中心地當不外上述區域。西周以後，中國疆域擴張，人民之地域觀念隨之以增，故以洪水之禍徧及中國，禹之治水亦徧及各地也。

禹治水以禹貢最詳，其地域包括黃河揚子江流域。

導弱水，至于合黎，餘波入于流沙。

導黑水，至于三危，入于南海。

導河積石，至于龍門；南至于華陰；東至于底柱；又東至于孟津；東過雒汭，至于大伾；北過降水，至于大陸；又北播為九河，同為逆河，入于海。

嶓冢導漾，東流為漢；又東為滄浪之水；過三澨，至于大別；南入于江；東匯澤為彭蠡；東為北江，入于海。

岷山導江，東別為沱；又東至于澧過；九江，至于東陵；東迆北會于匯；東為中江，入于海。

導沇水，東流為濟；入于河；溢為滎；東出于陶丘北；又東至于菏；又東北會于汶；又北東入于海。

導淮自桐柏，東會于泗沂，東入于海。

導渭自鳥鼠同穴，東會于灃；又東會于涇，又東過漆沮，入于河。

導雒自熊耳，東北會于澗瀍；又東會于伊；又東北入于河。

禹貢內所言平治水土，近人多疑其說，以為人力所不能。其著名者，J.Legge.Shu-King.Prolegomena P. 59，意謂禹貢所載今地，以最科學之方法，恐於十數年內難以成功，何況古代工具不利計畫不精密乎？丁在君氏以為江河皆天然水道，今考人工疏導之痕跡毫不可見，並引揚子江水道委員會技師 Palmer 氏云，『就是要用現代的技術來疏導長江，都是不可能的，石器時代的禹，如何能有這種能力？』（見古史辨第一冊頁二〇八）

然則禹治水在今何地乎？錢穆周初地理攷，『以今推之，古者大禹治水之說，其殆始於蒲解之間乎？蓋蒲解之地，東西北三面俱高，惟南最下，河水環帶。自蒲潼以下迄於陝津砥柱，上有迅湍，下有淤流，回瀾橫濤，既足為患；而涑水驟悍，狂憤積鬱，無可容游，山洪怒鼓，河溜肆蕩，蒲解之民實受其害。唐虞故正在其地，所謂鴻水之患，其殆在斯也。賈讓有言曰，「大禹治水鑿龍門，辟伊闕，折底柱，破碣石」。依實論之，禹之治河，上不及龍門，下不至碣石，當在伊闕底柱之間耳』。（見燕京學報

第十期）

按錢氏之說，係受丁在君語之影響。觀丁在君論禹治水說不可信書云，『……但是黃河的水患，也只能在下游，垣曲縣以上萬不能有洪水。龍門砥柱我都親自到過，並且略有研究。龍門是黃河出峽的口子，河面在峽中寬不過幾十丈，兩岸的峭壁卻有一千尺多高，同長江的三峽情形一樣。一出龍門，峽谷變為廣川，河面有二里以上，這也全是有天然的理由，與禹毫不相干。況且龍門是天然的峽口，用不着人鑿的，也非人工所能為力的。砥柱又叫做三門，是因為有兩塊火成岩侵入煤系的岩石之中，煤系軟而火成岩硬，所以受侵蝕的遲速不一樣，煤系被水衝開一丈，被風蝕低一丈，火成岩卻不過受了十分之一的影響，成功了所謂三門，與禹何涉？』

丁氏以為垣曲縣以上不能有洪水，根本不承認禹之治水。錢氏受其說之影響，而不能放棄舊傳洪水之說，又較丁氏多溯數里，以為洪水之發生在蒲潼陝津砥柱之間；大禹之治水，當在伊闕底柱之間。是說當否，今日尚未有直接之證明，不敢驟下評斷。惟二氏着眼於現在地形，以為數千年前之黃河亦遵今之水道，實有可疑。此疑非僅靠書本可解決，須待地質學家，考古學家，沿黃河流域作一精密之研究，方能定。例如河東道為晉省土壤最豐腴之區，曩在并求學時，某地理教員即歸之黃河氾濫之故。今據丁錢二君反以蒲州以上與黃河無關，洪水未能發生於蒲潼以上。不妨就其地之土脈，地層，加以詳細之攷察，然後與黃河之岩石等等地質學上之所必須者，兩相比較，庶可解答此問題矣。

再者前人所謂禹治水偏重黃河，而忽略黃河之小支汾水。攷汾水為晉省之大川，源出寧武縣治西南之管涔山，西南流，經靜樂縣，納嵐水，南經太原，介休，霍州，平陽，新絳諸境，會澮河，經稷山河津入黃河。每當夏季，大雨傾盆，河水氾濫，沿河諸縣人民常受其害。曾憶民十二年夏，方余在并未返里時，每日大雨如注，十數日，僅臨汾一帶罹水患者已達百十餘村，蓋河床淤積，久不挖掘，一旦雨漲，必致氾濫也。故所謂之洪水，或汾水之橫濫，亦未可知。蓋先民由北而南，順黃河流域至龍門，山峽天成，沿岸缺乏水草，復順汾水鼓行而東，而北，亦不無可能之事。

信如所說，則禹鑿龍門亦不無理由，蓋汾水淤積橫溢，禹疏導之，使入正道，『九州乾』而奄有之。按說文第十一篇下『水中可居者曰州，昔堯遭洪水，民居水中高土，故曰九州』，由此可知州卽古洲字，洪水後所留之高阜。後人附會以爲『禹貢九州』，不知荒古人類何有劃分州郡之事。

總之，洪水之起因河水之氾濫，其地域不出今山西。

西周以後，人民地域觀念隨疆域而增，故以爲荒古洪水徧及中國也。近人以有『禹葬蒼梧』『禹娶塗山』之傳說，則又謂禹之治水起于南方，是附會之中復加附會矣。

古代河域氣候有如今江域說

—記蒙文通先生魏晉史課堂講演之一節—

王樹民

中國古代文化，不發生於長江流域而發生於黃河流域，以今日北方之荒涼與東南之殷盛相況之下，誠不能令人無疑；故日人有『苗族曾興於長江流域，其後退化，華人承繼其文化，入居黃河流域』之推想。其說出於懸想，固難置信；然其所提出之問題則實有研究之價值也。

試以古之川流，湖澤，氣候，物產，及土質等種種情形，推究當日狀況，則知古時南方實未若北方之適宜於人生。取禹貢，職方，左傳，國策讀之，河域支渠縱橫，往來極便；江域以水盛遼闊，反障交通。南方土質塗泥，北方多宜稻麥。更詳究氣候之狀，亦知北方最爲適宜。蓋人生便利之資，北方遠過南方，故古文化之發生乃在北而不在南也。今於川流土質且不詳具，略言氣候之狀，並及物產與湖澤之分布焉。

湖澤之分布，與氣候極有關係。蓋湖澤多則空中之水分足；水分足則調節氣候，無酷寒燥熱之害。古者沿河一帶，湖澤甚多：在今河南中部有滎澤，其東有圃田，開封之北有逢澤（一稱沙海），商丘之北有孟諸，山東西境有菏澤，曹州境內有雷夏，大野，河北南部有大陸。在鴻溝流域中（河，泲，淮，泗之間地），水澤尤富，禹貢僅謂『滎播既豬』，職方則云『其川熒，雒』，爾雅釋水已較多，國策所記則彌詳矣，蓋以土地日闢故也。

沿河諸湖澤，自兩漢以來，日漸堙塞，迄明季而大部俱沒。職方所記之浸藪，今多爲川，亦歷經堙蝕之故也。如：菑，時（幽），沂，沭（青），渭，洛（雍），汾，潞（冀），盧，維（兗），波，溠（豫）等。今雖惟餘川流，亦可見古之多浸藪也。

於上舉諸澤浸外，尚有數點可見古時北方之多澤與湖濕。如詩魏風：『彼汾沮洳』。左傳成六年，『韓獻子曰：「郇瑕氏土薄水淺，其惡易覯，……於是乎有沈溺重膇之疾」』。山西今爲高亢之地，古則潮濕如此。又昭三年，『景公欲更晏子之宅，曰：「子之宅湫隘，不可以居，請更諸爽塏者」』。今山東地固極爽塏，而古則以湫隘稱也。

次觀物產方面。今南方之物，如竹，稻，古時均盛產於北方，今則已稀見矣。

古者北方多竹，其例甚多。如詩衛風：『瞻彼淇奧，綠竹猗猗』。漢書溝洫志：『塞瓠子決河，下淇園之竹以爲楗』。東觀漢紀：『郭伋爲并州牧，行部到西河美稷，有童兒數百，各騎竹馬於道次迎拜』。劉知幾致疑此事，謂：『晉陽無竹，古今共知』。案相傳唐晉陽童子寺有竹一窠，其寺綱維，日報平安，則子玄之語非妄。惟唐時然，而古則未然也。又樂毅報燕王書云：『薊丘之植，植於汶篁』。篁者，竹田也。左傳文十八年，『懿公游于申池，邴歜閻職弒公，納諸竹中』。又襄十八年，『晉帥諸侯之師圍齊，焚申池之竹木』。是均齊國有竹之證也。古人日用之具，多以竹製，如籥管之類。如北方不產竹，必不能遠求以製也。

其次，北方產稻。今北方雖有稻田而不多。據職方所記，北方之豫，兗，幽，并四州均產稻；其中幽并二州最堪注意。於詩亦多見例，如唐風：『王事靡盬，不能蓺稻粱』，豳風：『十月穫稻』，地均在黃河流域也。漢書溝洫志：『鄴有賢令兮爲史公，決漳水兮灌鄴旁，終古舄鹵兮生稻粱』，是魏地有稻也。戰國策周策：『東周欲爲稻，西周不下水』，是周地亦產稻也。

以上舉之湖澤物產諸端觀之，正有似今江南地帶，則古時北方氣候之溫和適宜，必遠非今之荒涼乾亢者比矣。故中國古文化必發生於黃河流域而不在長江流域也。其中心地點當在泲入海處，南至於會稽，北至於幽州。

所以悟古今氣候不同者，實以讀禹貢得之。禹貢冀州島夷言『皮服』，揚州島夷言『卉服』，蓋以寒暑劇烈而異；其處中之兗，青，徐，豫諸州所貢之絺，絲，枲等物，則均氣候適中者所服用也，故知此諸州乃當時氣候最適宜之地。既悟此故，因繼續研求，遂明中國氣候，以長期觀之，乃在時變，而適宜地帶亦已漸漸南移。其詳雖尚待求證，要之實爲可能之說也。

禹貢等五書所記藪澤表

楊毓鑫

禹貢	職方	有始	地形	釋地	今地及現狀
豬野（雍）					寧夏與甘肅間之白亭海，一名魚海子。
	弦蒲（雍）				今涸。在陝西隴縣西。
	楊紆（冀）	陽華（秦）	陽紆（秦）	陽陓（秦）	說不同，大約在陝西華陰縣東。澤已不存。
大陸（冀）		大陸（晉）	大陸（晉）	大陸（晉）	古澤甚廣，今淤斷爲二，北曰寧晉，南曰大陸。今大陸澤在河北任縣東北。
		鉅鹿（趙）	鉅鹿（趙）		即大陸。河北鉅鹿縣在今大陸澤之東，寧晉泊之南。
	昭餘祁（幷）	大昭（燕）	昭余（燕）	昭余祁（燕）	今名鄔城泊，時涸時溢。在山西祁縣，平遙，介休縣界。
				焦穫（周）	說不同，大約即山西陽城縣西之濩澤。今深闊僅盈丈。
雷夏（兗）					今涸。在山東濮縣東南。
大野（徐）	大野（兗）			大野（魯）	元末爲河水所決，遂涸。在山東鉅野縣北。
海濱（靑）		海隅（齊）	海隅（齊）	海隅（齊）	即山東海邊一帶。一說申池，在山東臨淄縣西。
	貕養（幽）				今涸。在山東萊陽縣東。
孟豬（豫）	望諸（靑）	孟諸（宋）	孟諸（宋）	孟諸（宋）	今涸。在河南商丘縣東北。
菏澤（豫）					今涸。在山東菏澤縣。
滎播（豫）	滎（豫州川）				自西漢後塞爲平地。在河南滎澤縣治南。
	圃田（豫）	圃田（梁）	圃田（鄭）	圃田（鄭）	今涸，略有遺蹟。在河南中牟縣西。
彭蠡（揚）					今江西鄱陽湖。

震澤（揚）	具區（揚）	具區（吳）	具區（越）	具區（吳越之間）	今江浙間之太湖。
	五湖（揚）				
雲夢（荊）	雲瞢（荊）	雲夢（楚）	雲夢（楚）	雲夢（楚）	今湖北東南部及湖南北部之湖泊之總名。今湖北安陸縣南有雲夢縣。

寫在藪澤表的後面

顧頡剛

看了上面的一篇文和一張表，禁不住把自己的一些意思吐出來。

中國古代對于藪澤是最注意的，所以然之故就爲這是生產的大本營，在農業不甚發達的時候，只有倚賴天然的力量。澤是衆流所歸的大湖泊；藪是卑濕之地。湖泊中產有蕁魚之類固不必說，藪則當每年水長的時候，也盛滿了水，和澤沒有分別；等到水退，留下了沈澱物作肥料，就很能生長草木，連帶着繁殖禽獸，天然的生產品比了澤中還要多。昭二十年左傳記晏子之言曰：

山林之木，衡鹿守之。澤之萑蒲，舟鮫守之。藪之薪蒸，虞候守之。海之鹽蜃，祈望守之。

杜注，『衡鹿，舟鮫，虞候，祈望，皆官名也』。這可見當時對于藪澤立有專職的官，是用國家的力量去管理經營的。襄二十五年傳又云：

楚蔿掩爲司馬，子木使庀賦，數甲兵。甲午，蔿掩書土田，度山林，鳩藪澤，辨京陵，表淳鹵，數疆潦，規偃豬，町原防，牧隰臯，井衍沃，量入修賦，賦車籍馬，賦車兵，徒兵，甲楯之數。

這些都是國家財賦之所由出，而其中『藪澤』『疆潦』『偃豬』『隰臯』四項就是湖泊或低地。堯典上說：

帝曰，『疇若予上下草木鳥獸？』僉曰，『益哉！』

帝曰『俞，咨益，汝作朕虞！』

這就是舜命益去管理山林藪澤的出產的記載，『上』指的是山陵，『下』指的是藪澤。周禮中有山虞，澤虞之官，漢書地理志中有陂官，湖官，雲夢官，淮浦官，也就是管的這類事。

上面這個表裏，共有二十個名目；若再在左傳等書中輯錄起來，一定還有不少。這二十個名目中，大陸和鉅鹿實是一藪（大與鉅同義，陸與鹿同音），呂覽作者錯分爲二，淮南承之。震澤，具區爲一澤之異名，前代學者早有定說。五湖與具區，大家雖很願把它們分開，但究竟找不出具區以外的五湖，所以也只得合併爲一。『海濱』就是沿海一帶的通名，並非澤名；不過照晏子的話看來，海與澤藪同有官守，所以一例待遇罷了。除開了這種重複的與混入的，一共有十六個澤。

這十六個澤，在河水流域的有三：豬野，焦穫，大陸。在渭水流域的有二：弦蒲，楊紆。在汾水流域的有一：昭餘祁。（汾渭也可併入河水流域中。）在濟水流域的獨多，有六：滎播，圃田，菏澤，雷夏，大野，孟諸。這六澤都在今河南東部和山東西部方三百餘里之中，足見那地的文化所以特別興盛的原因。還有一個在山東半島上的，是貕養。在江水流域的有三：彭蠡，震澤，雲夢。

現在，河，濟，渭，汾一帶以及半島上的湖泊差不多全枯涸了，只有江水流域的幾個依然很浩淼，這個原因應當請地質學家說明。我曾經去請教丁文江先生，他引了葛拉普（A.M.Grabau，北大地質學系教授）的話，說恐怕和漢代的溝洫之政很有關係，因爲那時新開的溝渠太多了，水多爲上流所截留，流下來的便瀦積不起了。除了這層意思之外，我還聽說西北的沙漠漸漸向關內移動，華北已日趨于沙漠化。上面蒙文通先生所講的氣候的變化，就是這個事實的表現。

這十六個澤，爲禹貢所獨有的是豬野，雷夏，菏澤，彭蠡；爲職方所獨有的是貕養，弦蒲；爲釋地所獨有的是焦穫。（職方兗州，『其浸盧維』，鄭玄注曰，『盧維，當爲雷雍，字之誤也』，則彼以爲盧即雷夏。）菏澤等本是小澤，缺去不足奇；彭蠡這澤何等廣大，何以除了禹貢外全不記載呢？即此可見江西開化之遲，爲了那地與中原的關係少，所以那時講地理的人都忽略了。再有，大陸也是一個大澤，而職方作者記冀州的澤藪時乃記一若存若亡的楊紆而不記它，且把秦藪誤爲冀藪，也不可解。

從上面這個表裏，可以知道爾雅釋地之作實在淮南地形之後。本來地形是鈔有始而略加改變的：有始說『吳之具區』，地形說『越之具區』；有始說『梁之圃田』，地形說『鄭之圃田』。現在釋地也說『鄭有圃田』，足證其襲淮南；而云『吳越之間有具區』，足證其有意調和呂覽與淮南之不同。呂覽與淮南都以『晉之大陸』與『趙之鉅鹿』對舉，釋地作者知道是錯的，乃去鉅鹿而增『魯有大野』，又足證其對此二書有訂正之功。何況『九府』之文全襲淮南，更是有確證的呢。

釋地獨出『焦穫』，蓋据小雅六月之文而補的。作者旣說『秦有楊陓』，又說『周有焦穫』，秦周對舉；其非一地可知。而郭璞之注，於楊陓云『今在扶風汧縣西』，於焦穫云『今在扶風池陽縣瓠中』，同一扶風之澤，何以此稱爲秦，彼稱爲周？錢賓四先生在周初地理考（燕京學報第十期）裏說焦穫即濩澤，漢河東郡有濩澤縣，即今之山西陽城縣，我覺得這是很對的。俟將來討論到玁狁侵略時再細談。

二十三，三，五。

前漢戶口統計表

胡德煌

漢興以來，以秦郡過大，稍復增置。武帝逐匈奴，平南越，及西南夷，又通西域，開朝鮮，分天下爲十三部，部置刺史，而以京兆尹，左馮翊，右扶風爲三輔，並治長安。茲據漢書地理志中所錄之平帝元始二年戶口籍，綜合爲統計表，以見當時人口之疏密情形也。

甲

屬州	郡國名	縣數	戶口數 戶	戶口數 口	州戶口總計 縣	州戶口總計 戶	州戶口總計 口
司隸校尉部	京兆尹	一二	一九五•七○二	六八二•四六八			
	左馮翊	二四	二三五•一○一	九一七•八二二	三輔		
	右扶風	二一	二一六•三七七	八三六•○七○			
	弘農郡	一一	一一八•○九一	四七五•九五四			
	河內郡	一八	二四一•二四六	一•○六七•○九七			
	河南郡	二二	二七六•四四四	一•七四○•二七九			
	河東郡	二四	二三六•八九六	九六二•九一二	一三二	一•五二○•八五七	六•六八二•六○二

豫州	潁川郡	二〇	四三二・四九一	二・二一〇・九七三	一〇八	一・四五九・九一一	七・五五一・七三四
	汝南郡	三七	四六一・五八七	二・五九六・一四八			
	沛郡	三七	四〇九・〇七九	二・〇三〇・四八〇			
	梁國	八	三八・七〇九	一〇六・七五二			
	魯國	六	一一八・〇四五	六〇七・三八一			
冀州	魏郡	一八	二一二・八四九	九〇九・六五五	一二九	一・一三三・〇九九	五・一七七・四六二
	鉅鹿郡	二〇	一五五・九五一	八二七・一七七			
	常山郡	一八	一四一・七四一	六七七・九五六			
	清河郡	一四	二〇一・七七四	八七五・四二二			
	趙國	四	八四・二〇二	三四九・九五二			
	廣平國	一六	二七・九八四	一九八・五五八			
	眞定國	四	三七・一二六	一七八・六一六			
	中山國	一四	一六〇・八七三	六六八・〇八〇			
	信都國	一七	六五・五五六	三〇四・三八四			
	河間國	四	四五・〇四三	一八七・六六二			
兗	陳留郡	一七	二九六・二八四	一・五〇九・〇五〇			
	山陽郡	二三	一七二・八四七	八〇一・二八八			
	濟陰郡	九	二九〇・〇二五	一・三八六・二七八			

州	泰山郡	二四	一七二・〇八六	七二六・六〇四
	東　郡	二二	四〇一・二九七	一・六五九・〇二八
	城陽國	四	五六・六四二	二〇五・七八四
	淮陽國	九	一三五・五四四	九八一・四二三
	東平國	七	一三一・七五三	六〇七・九七六
		一一五	一・六五六・四七八	七・八七七・四三一
徐州	琅邪郡	五一	二二八・九六〇	一・〇七九・一〇〇
	東海郡	三八	三五八・四一四	一・五五九・三五七
	臨淮郡	二九	二六八・二八三	一・二三七・七六四
	泗水國	三	二五・〇二五	一一九・一一四
	廣陵國	四	三六・七七三	一四〇・七二二
	楚　國	七	一一四・七三八	四九七・八〇四
		一三二	一・〇四二・一九三	四・六三三・八六一
青州	平原郡	一九	一五四・三八七	六六四・五四三
	千乘郡	一五	一一六・七二七	四九〇・七二〇
	濟南郡	一四	一四〇・七六一	六四二・八八四
	北海郡	二六	一二七・〇〇〇	五九三・一五九
	東萊郡	一七	一〇三・二九二	五〇二・六九三
	齊　郡	一二	一五四・八二六	五五四・四四四
	甾川國	三	五〇・二八九	二二七・〇三一
	膠東國	八	七二・〇〇二	三二三・三三一

	高密國	五	四〇・五三一	一九二・五三六	一一九	九五九・八一五	四・一九一・三四一
荊州	南陽郡	三六	三五九・三一六	一・九四二・〇五一			
	江夏郡	一四	五六・八四四	二一九・二一八			
	桂陽郡	一一	二八・一一九	一五六・四八八			
	武陵郡	一三	三四・一七七	一八五・七五八			
	零陵郡	一〇	二一・〇九二	一三九・三七八			
	南　郡	一八	一二五・五七九	七一八・五四〇			
	長沙國	一三	四三・四七〇	二三五・八二五	一一五	六六八・五九七	三・五九七・二五八
揚州	廬江郡	一二	一二四・三八三	四五七・三三三			
	九江郡	一五	一五〇・〇五二	七八〇・五二五			
	會稽郡	二六	二二三・〇三八	一・〇三二・六〇四			
	丹陽郡	一七	一〇七・五四一	四〇五・一七〇			
	豫章郡	一八	六七・四六二	三五一・九六五			
	六安國	五	三八・三四五	一七八・六一六	九三	七一〇・八二一	三・二〇六・二一三
益	漢中郡	一二	一〇一・五七〇	三〇〇・六一四			
	廣漢郡	一三	一六七・四九九	六六二・二四九			
	犍爲郡	一二	一〇九・四一九	四八九・四八六			
	武都郡	九	五一・三七六	二三五・五六〇			

州	越嶲郡	一五	六一・二〇八	四〇八・四〇五	一二八	一・〇二四・一五九	四・七八四・二一四
	益州郡	二四	八一・九四六	五八〇・四六三			
	牂柯郡	一七	二四・二一九	一五三・三六〇			
	巴郡	一一	一五八・六四三	七〇八・一四八			
	蜀郡	一五	二六八・二七九	一・二四五・九二九			
涼州	隴西郡	一一	五三・九六四	二三六・八二四	一一五	三三一・二六〇	一・二八二・〇一三
	金城郡	一三	三八・四七〇	一四九・六四八			
	天水郡	一六	六〇・三七〇	二六一・三四八			
	武威郡	一〇	一七・五八一	七六・四一九			
	張掖郡	一〇	二四・三五二	八八・七三一			
	酒泉郡	九	一八・一三七	七六・七二六			
	敦煌郡	六	一一・二〇〇	三八・三三五			
	安定郡	二一	四二・七二五	一四三・二九四			
	北地郡	一九	六四・四六一	二一〇・六八八			
并	太原郡	二一	一六九・八六三	六八〇・四八八			
	上黨郡	一四	七三・七九八	三三七・七六六			
	西河郡	三六	一三六・三九〇	六九八・八三六			
	朔方郡	一〇	三四・三三八	一三六・六二八			
	五原郡	一六	三九・三二二	二三一・三二八			

州	雲中郡	一一	三八・三〇三	一七三・二七〇	一五七	七〇七・三九四	三・三二一・五七二
	定襄郡	一二	三八・五五九	一六三・一四四			
	鴈門郡	一四	七三・一三八	二九三・四五四			
	上郡	二三	一〇三・六八三	六〇六・六五八			
幽州	勃海郡	二六	二五六・三七七	九〇五・一一九	一八〇	九三七・四三八	三・九九三・四一〇
	上谷郡	一五	三六・〇〇八	一一七・七六二			
	漁陽郡	一二	六八・八〇二	二六四・一一六			
	右北平郡	一六	六六・六八九	三二〇・七八〇			
	遼西郡	一四	七二・六五四	三五二・三二五			
	遼東郡	一八	五五・九七二	二七二・五三九			
	玄菟郡	三	四五・〇〇六	二二一・八四五			
	樂浪郡	二五	六二・八一二	四〇六・七四八			
	涿郡	二九	一九五・六〇七	七八二・七六四			
	代郡	一八	五六・七七一	二七八・七五四			
	廣陽國	四	二〇・七四〇	七〇・六五八			
交	南海郡	六	一九・六一三	九四・二五三			
	鬱林郡	一二	一二・四一五	七一・一六二			
	蒼梧郡	一〇	二四・三七九	一四六・一六〇			
	交趾郡	一〇	九二・四四〇	七四六・二三七			

州	縣數	戶數	口數
合浦郡	五	一五・三九八	七八・九八〇
九眞郡	七	三五・七四三	一六六・〇一三
日南郡	五	一五・四六〇	六九・四八五
	五五	二一五・四四八	一・三七二・二九〇
全國總計	一五七八	一二・三六七・四七〇	五七・六七一・四〇一

乙

部名	縣數	戶數	口數	縣平均數 戶	縣平均數 口
司隷校尉部	一三二	一五二〇八五七	六六八二六〇二	一一五二一・七九	五〇六二五・七七
豫州刺史部	一〇八	一四五九九一一	七五五一七三四	一三五一八・九九	六九九二三・二七
冀州刺史部	一二九	一一三三〇九九	五一七七四六二	八七八三・七一	四〇一三五・三六
兗州刺史部	一一五	一六五六四七八	七八七七四三一	一四四〇四・一五	六八四九九・四〇
徐州刺史部	一三二	一〇四二一九三	四六三三八六一	七八九五・四〇	三五一〇五・〇一
青州刺史部	一一九	九五九八一五	四一九一三四一	八〇六五・六七	三五二二一・三五
荊州刺史部	一一五	六六八五九七	三五九七二五八	五八一三・八八	三一二八〇・五一
揚州刺史部	九三	七一〇八二一	三二〇六二一三	七六四三・二三	三四四七五・四一

益州刺史部	一二八	一〇二四一五九	四七八四二一四	八〇〇一・二四	三七三七六・六七
涼州刺史部	一一五	三三一二六〇	一二八二〇一三	二八八〇・五二	一一四七・九三
幷州刺史部	一五七	七〇七三九四	三三二一五七二	四五〇五・六九	二一一五六・五一
幽州刺史部	一八〇	九三七四三八	三九九三四一〇	五二〇七・九八	二二一八五・六一
交州刺史部	五五	二一五四四八	一三七二二九〇	三九一七・二三	二四九五〇・七二
總計	一五七八	一二三六七四七〇	五七六七一四〇一	七八五八・四二	三七〇八三・四七

據上兩表，以兗州人口爲最多，次爲豫州。然兗州縣邑佔百十五之多，豫不過百零八縣，平均計之，豫一縣得佔六萬九千九百卅三人有奇，多於兗州一縣一千四百二十三人有奇，故以豫州人口爲最密。其最少者則涼州也。

方志之名稱與種類

朱士嘉

『方志』之名，始見周禮：『誦訓掌道方志以詔觀事』『外史掌四方之志』。又見水經注渠水篇：『以方志參差，遂令尋其源流』。『今泰山南武城縣有澹臺子羽冢，縣人也，未知孰是？因其方志所敘，就記纏絡焉』。其所記述，要不外一方地理之沿革，疆域之廣袤，政治之消長，經濟之隆替，人物之臧否，風俗之良窳，文化之盛衰，遺獻之多寡，以及其地之遺聞佚事，蓋無異一有組織之地方歷史與人文地理也。書之關係一方者統稱志，然而亦有名目歧異者，約舉之，凡得八種：

（一）『志』或作『誌』，爲宋以來最通行之名稱。志之屬於某一地方者，則曰某某志，如長安志，成都縣志是。但宋元人修志，動援古郡或山水以爲名，而不皆直標某某志，如『梁克家之三山志(淳熙九年)，陳耆卿之赤城志(嘉定年間)，楊潛之雲間志(紹熙四年)，非宋之州郡名縣名也；徐碩之嘉禾志(至元二十五年)，張鉉之金陵新志(至正四年)，秦輔之練川志(今佚)，非元之路名縣名也』(見潛研堂文集卷十九成化四明郡志跋)。蓋『宋制以州領縣，諸縣不皆有志，而州志不上職方，故書名或取古郡，或題山水，……所以避圖經官書名目』(見章氏遺書卷六方志略例)。志亦有『大志』(王宗沐江西省大志，嘉靖四年刻本)，『小志』(宗能徵南陵小志，光緒二十五年活字本。因全書未竟，而能徵奉檄將去，故名之曰小志)，『全志』(萬年觀德安府全志，康熙二十四年鈔本)，『散志』(江登雲橙陽散志，乾隆四十年刻本。登雲因所備書未能全合乎方志之體，故題曰散志，蓋自謙之語)，『地理志』(戴光鄒縣地理志，嘉靖四年刻本)，及『志林』(黃宜中直隸澧州志林，乾隆十五年刻本)之別，然於原書意義無甚增損也。

(二)『圖經』。隋書經籍志有冀州圖經，幽州圖經，齊州圖經，唐書經籍志有潤州圖經，皆不著年代。今所可考者，以荊州圖經爲最早，作於晉宋齊梁間。(見陳運溶麓山精舍叢書晉宋齊梁四朝地記)。唐代圖經間出(參看前書唐代圖經)，至宋而大盛，然亦不若稱志之最爲普遍也。元明清三代，圖經之名稱似不經見。(清代有海鹽縣續圖經，陳世倕纂，乾隆十二年刻本。)按宋元以前之圖經，蓋即爲官書名目(章氏遺書卷六方志略例)，故凡非官書，或作『志』，或作『記』，或作『錄』，有種種不同之名稱焉。

(三)『記』或作『紀』，爲自三國吳(顧啓期婁地記)以至隋唐間最通行之名稱，其所記述，大半偏重地理如沿革疆域物產等，蓋即雛形時期之方志也。(秦漢爲方志之孕育時期，魏晉南北朝以迄隋唐爲方志之雛形時期，宋代爲長成時期，明代爲發達時期，清代爲全盛時期，說詳方志之起源篇。)

(四)『圖志』或『圖記』亦方志之別稱。晉宋齊梁間有荊州圖記(麓山精舍叢書晉宋齊梁四朝地記)，元有大德昌國州圖志(大德二年馮福京修，郭薦纂，煙雨樓刊本)。清有新疆圖志(宣統三年袁大化修，王樹枏纂)，及益都縣圖志(光緒三十三年張承燮修，法偉纂)，外此則少聞焉。

(五)『書』。如何喬遠閩書(崇禎二年刻本)，爲僅見之名。

（六）『錄』。如劉芳徐地錄（見唐書經籍志，今佚），高似孫剡錄（宋嘉定年修，道光八年重刊本，卽嵊縣志），陳廷桂歷陽典錄（嘉慶年間刊本，卽和州直隸州志）及林鶚泰順分疆錄（光緒四年刊本，卽泰順縣志）等，皆屬此類，稱名雖異，實皆志類也。

（七）『乘』。秦以前列國多有志，或名曰乘，如晉乘之類。其後修志者援以爲例，于欽撰齊乘（元至元年間）而不題山東志，陳弘緒撰南昌郡乘（康熙二年刻本）而不題南昌府志，耿定向撰黃安初乘（萬歷年間刊本）而不題黃安縣志，蓋亦古典主義之表現也。

（八）『傳』。紀載事迹以傳於世者曰傳，如史之列傳是。傳人則可，傳地則未聞也；有之，自蓋泓珠崖傳始。（見隋書經籍志。珠崖在今廣東瓊山縣東南。）志書之以傳名者僅此一見，惜其書已佚，無從稽攷矣。

方志各依歷代地理沿革之不同而異其種類。如宋置軍及監，始有臨江軍志及大寧監圖經之編纂。清置直隸州，始有荆門直隸州志之編纂。約舉之，凡得二十二種，類次於後。至於山志，水志，湖志，隄志，廟志，寺志，祠志，書院志，亭志，橋志，泉志等雖亦足資徵文攷獻之助，而非方志嫡系，故不具列。

（一）通志 記載及於一省之全部者屬之。行省之制創于元，而通志之編則自明始（按元齊乘所述，已及山東省之大部，因其體例尚未臻完善，故言通志者仍託始於明）。相沿至於今日，未少變。攷其內容，與元明清一統志相彷，則其體例蓋亦有所自矣。（府州亦有以通志爲名者，如康熙二十二年徽州府通志，康熙十二年泗州通志等，或亦好事者特標新異，不足供大雅之因仍也。）

（二）都會志 隋書經籍志所著錄之西京志（佚撰人與年代）卽屬此類。宋乾道淳祐咸淳臨安三志尤爲著名，爲參考南宋文物制度者必備之籍。自元以來，所謂都會之志僅日下舊聞考等數種耳。

（三）路志 元制分天下爲若干行中書省，省之下分路，路之下分府。路者，上隸於省而下統府。路志之編，屢見不鮮（元處州路志今佚），而其壽命亦與元相終始。

（四）府志 有以郡志爲名者，如隋以前之吳郡記（見隋書經籍志，今佚），宋之吳郡志（今存。以上二種實卽蘇州府志）以及清順治九年之雲中郡志（卽大同府志，今存），實亦屬此。直標府志者，始於宋（宋史藝文志著錄瀛州府圖經，今佚）而終於清。

（五）道志　唐分天下爲十道，猶今之分省，爲地理上之區畫，但其時道固無志。明清又分一省爲數道，爲行政上之區畫，與唐異，設官謂之道員，民國又設置道尹，皆執行道內一切行政事務如監督財政及司法行政等。道志之修於乾隆五年者有湖北下荆南道志（轄襄陽，鄖陽，安陸三府），修於民國十五年者有朔方道志。以余所知，僅此二種，蓋道既非地理上之區畫，修志者自亦不之注意也。

（六）直隸廳志　清制，廳之直隸於省者曰直隸廳，其志曰直隸廳志。（四川直隸理番廳志，同治五年刊本。）

（七）廳志　陝西同州府有潼關廳，清嘉慶二十二年編有續潼關廳志。清各廳幾皆有志。民國廢廳，廳志遂無聞焉。

（八）直隸州志　清制，州之直隸於省者曰直隸州，其志曰直隸州志。（湖北荊門直隸州志，同治七年刻本。）

（九）州志　起於宋（宋史藝文志，汀州志）而終於清。

（十）軍志　宋有臨江軍志（見宋史藝文志，今亦佚），後即無聞。

（十一）監志　宋有大寧監圖經（見宋史藝文志，今亦佚），後即無聞。

（十二）衞志　明太祖立軍衞法，度天下要害之地，連郡者設衞，如天津衞，威海衞等。清沿其制，故衞志之編亦甚普遍。如天津衞志（康熙十三年），潼關衞志（康熙二十四年），及金山衞志（正德十二年）等，於行軍設防皆足供參考也。

（十三）守衞所志　守衞所亦分駐防營之地，時人有覩察其地之形勢險要，採摭其地之文物掌故編綴成書者，是爲守衞所志（如咸豐七年寧武守衞所志），千百中蓋不一見焉。

（十四）宣慰司志　凡已歸附中國而尚未盡被同化之區域稱曰宣慰司。元明設宣慰使司，以勸撫其地之人民，使與中國同化。今惟永順宣慰司志（清初抄本）一種尚可得見，然亦已殘闕不完矣。（原書卷數待攷，現存第二卷。）

（十五）關志　界上之門曰關。古者設關于界上，以稽行旅，其後兼爲設險守國之用。志之專係於關者曰關志，山西之三關志（三關者，雁門，寧武，偏頭是也。書凡十七卷，孫繼曾修，嘉靖二十四年刻本），河北之西關志（居庸累莉倒馬故關，統稱西關，書凡三十二卷，王士翹修，嘉靖二十七年刻本）皆是也。

（十六）縣志　縣乃地方區域之名，周時已有縣邑，秦廢封建，以郡統縣，歷代因之。唐時縣隸於州，宋元明清以府州轄縣，民國曾以縣隸屬於道。府州隨時而易，縣則始終不變，爲最要之地方區域，故自宋（最早見存之縣志曰剡錄，即嵊縣志，宋嘉定七年高似孫修）以來，縣志之編爲數獨鉅，而其體例亦多可觀，蓋地方官固以修縣志爲當務之急也。

（十七）設治局志　清末於邊省向未有流官之區域，擬設縣治而未實行者，先設局籌備其事，曰設治局。民國因之，如黑龍江之克山，鐵驪等設治局是。設治局亦有志書，惟僅一見，黑龍江通北設治局通志（不分卷，熊良弼修，民國五年鈔本）是也。

（十八）鎮志　市集之大者曰鎮。鎮志之最早者當推澉水志（隸浙江海鹽縣），修於宋紹定年間。厥後各省富饒之鎮羣起而效之，尤以江浙兩省爲盛。

（十九）鄉土志　州有鄉土志，縣亦有鄉土志，起於光緒末年。鄉先輩爲使學童辨悉本鄉之風土人情物產等起見，將府州縣志中之材料擇要錄出，再加以實地之調查，以所得縮編成書，名曰鄉土志。

（二十）鄉志　凡專記一鄉之事蹟者曰鄉志，如剡源鄉志（光緒二十七年刻本）是。

（二十一）里志　五家爲隣，五隣爲里，古之制也。今江浙兩省繁盛之區，各皆有里，充其量，或不過千餘家，而亦多有里志之編輯，且其體裁甚有足資參攷者，則區畫既小，所有史料自易採訪與編纂故也。（民國十五年，江灣里志編纂甚得體要）

（二十二）村志　郎遂杏花村志，即屬此類。其書編纂亦甚得體，村志有此規模，蓋不易覯矣。

編後

顧頡剛

本刊第一期出版以後，聽到許多批評的話，固然使我們很高興，但是，他們對於本刊的稱讚和菲薄，我們都不願承受。

我們自己覺得，這是一班剛入門的同志的練習作品，說不到成績和貢獻，決沒有受人稱讚的資格。同樣，我們正在開始工作，只要路道不走錯，勇氣不消失，又永遠能合作下去，我們的前途自然有無限的光明，也沒有受人菲薄或妄自菲薄的理由。

『九成之臺，起于累土；千里之行，始于足下』，這是顛撲不破的名言。我們現在所應自問自責的，就是我們有沒有把一畚一畚的泥土堆積起來，有沒有向着目的地開步走去。至於九成之臺和千里之行的最終成就，那是幾年或幾十年後的事情，甚而至於是數世以後的事情，我們工作的人固然不必性急，就是旁觀的人也不必爲我們着急。

眞實的工作是沒有僥倖成功的，也決不會在短時期內就完工的。我們現在需要每一個人把他自己的見解發表出來，這見解如對，大家都採用它；不對，大家就推倒它。我們不求個人的成名，只望團體工作的確立。

謹愼的前輩常常警戒我們：發表文字不可太早，爲的是青年作品總多草率和幼稚，年長後重看要懊悔。這話固然有一部分理由，但我敢切勸青年不要受他們的痲醉。在學術上，本沒有『十成之見』，個人也必沒有及身的成功。學術的見解與成就，就全體言是一條長途，古人走到那裏停下了，後人就從他停止的地方走下去；這樣一代一代往前走，自然永有新境界。就個人言也是一條長途，所謂少年，青年，壯年，老年，都是這長途中的一個階段，你要進步，就得向前走。所謂『走』，是中心有問題，眼中有材料，從問題去尋材料，更從材料去增加問題，逼得你『欲罷不能』，一定要這樣纔有眞正的研究可言。但是最難的一件事就是心中有問題。一般大學生，對于各種學科的內容都有些門徑了，學術的系統和研究的方法也明白了，然而心中有問題的能有幾個？畢業之後不做留聲機的又有幾個？材料是死的，你成天讀書，讀熟一部圖書集成，至矣盡矣，然而你也不過做了一部圖書集成，只有四百元的代價，算得了什麼！如果問我：如何可以得到問題呢？我將答說：就在你肯隨處留心別人的意見，同時敢把自己的意見對人發表，更容納別人的討論。只要你自己錯了肯承認，肯屈伏於別人的意見之下，那就是你自己的進步。自己不錯而別人錯，你會用了自己的理由說得他屈伏，那就是你督促別人進步。如此相摩，相盪，相衝突，相抵禦，相吸收，相競勝，然後各人心中懷着急切待解的問題，眼中也儘看見和這個問題有關的材料了。

這件事情看來雖易，實做却難。假使你在青年期沒有練習發表意見，你到了壯年以後就不會發表意見。假使你在青年期沒有練習容納別人的意見，你到了壯年以後就不能容納別人的意見。你的胸中在青年期沒有幾個問題，壯年以後，腦筋越來越殭化，思想越來越枯澀，更沒有發生問題的希望了。

在我們的團體中，大多數是大學生，我希望大家能有這樣的認識，捉住這個練習的機會，一步一步的往前走，使得這些『少作』無負于現在的年齡，更使得將來的年齡對得起這些『少作』！

禹貢學會簡章

一，本會以集合同志，研究中國地理沿革史爲目的。

二，凡有志研究本項學術，經會員一人以上之介紹，及事務委員會之通過者，爲本會會員。

三，本會設研究委員會及事務委員會，各選主席一人，副主席一人，委員五人至七人，任期一年，連選得連任。

四，選舉手續以通信方式行之；選舉結果由會務報告發表之。

五，研究委員會之職務爲編輯刊物，審查來稿，及聯絡各會員間之研究工作等事項。事務委員會之職務爲審查會員資格，徵收會費及捐款，主持印刷發行事務，編輯會務報告，及與其他團體合作事項。兩委員會得自定辦事細則。

六，會員應繳會費，分爲每月一元及五角兩種。其爲謀本會事業之發展而自願多繳者爲特別捐款，得由研究委員會之決議，依照捐款人之志願辦理。

七，本會出版物分爲期刊，研究報告，叢書，會務報告四種；除會務報告專贈會員外，餘均公布之。期刊先出禹貢半月刊一種；研究報告爲會員專門研究之結果；叢書爲前人關於本項學術之著述之彙刊。

八，禹貢半月刊卽以會費印刷。研究報告等得酌量本會經濟情形，隨時付刊；本會力量不足時得募捐舉辦。

九，會員關於本項學術之著作，非本會力量所能付刊者，得由作者自行集欵付印，本會當負盡力介紹推銷之責任。會員私人重印之前人著述，凡關於本項學術者，本會亦當同樣介紹。

一〇，本會刊物得代登他處廣告，但與本項學術無關者概不登載。

一一，本會爲純粹研究本項學術之集合，除此以外，本會對於任何會員之公私事務概無關涉。

一二，本簡章得以會員十人以上之提議，討論修改之；提議與討論並由會務報告發表。

民國二十三年三月一日

禹貢半月刊登載廣告章程

一，本刊爲研究中國地理沿革史之專門雜誌，故所登廣告應有限制，凡不在下列各類者恕不登載：

甲，地圖；

乙，地理沿革史之專著；

丙，地理專書之索引；

丁，地理教科書；

戊，地方志；

己，人口土地之統計圖籍；

庚，其他關於地理學之著作（如考古團報告，遊記，景物照片等）；

辛，地質學；

壬，天文，生物，經濟，政治諸學及各種文化史之有關於地理者。

二，廣告之價目如下表：

地位＼面積	全面	二分之一	四分之一
底封面	十元	六元	四元
封面裏頁	十元	六元	四元
底封面裏頁	八元	五元	三元
普通	六元	三元五角	二元

以上價目均以每期計算、登三期以上者九折，六期以上者八五折，半年十二期者八折，全年二十四期者七折。

三，凡欲享折扣之利益者，廣告價須一次付淸。

四，凡登載長期廣告者，須簽訂廣告契約。

五，廣告均爲白底黑字，用與正文同樣之紙張排印。如用彩印，價加一倍。

六，凡廣告用之銅版，鋅版或木版槪歸自製；其委由本刊代製者，須繪就圖樣，並由本刊酌收製版費。

七，本章程暫以一年爲期。

出版者：禹貢學會。
編輯者：顧頡剛，譚其驤。
出版日期：每月一日，十六日。
發行所：北平成府蔣家胡同三號禹貢學會。

禹貢

半月刊

價目：每期零售洋壹角。豫定半年十二期，洋壹圓；全年二十四期，洋貳圓。郵費加一成半。國外全年加郵費八角。

The Evolution of Chinese Geography

Semi-monthly Magazine

Vol. 1 No. 3 April 1st 1934
Address: 3 Chiang-Chia Hutung, Cheng-Fu, Peiping, China

第一卷 第三期
民國二十三年 四月一日出版

本刊業已遵章呈請登記

清史稿地理志校正

譚其驤

直隸

明爲北京，置北平布政使司，萬全都指揮使司。

按明成祖永樂元年，建北京於順天府，稱行在；罷北平布政使司，以所領直隸北京行部。京與布政使司二者不並存，此旣曰『明爲北京』，即不應復曰『置北平布政使司』也。又永樂十九年改北京爲京師，洪熙初復稱行在，正統六年罷稱行在，定爲京師，自後以爲常：是『北京』但爲一時之制耳，非可以概一代，二字亦應改爲『京師』。

淸順治初定鼎京師爲直隸省，置總督一，曰宣大；駐山西大同，轄宣府，順治十三年裁。

彊臣年表吳孳昌以順治元年七月總督宣大山西，至十三年五月張懸錫繼任始曰宣太，十五年七月裁，與此異，當以表爲正。又彊臣年表，淸史列傳卷七十九駱養性傳，駱以順治元年六月總督天津軍務，十月罷，是順治初直隸境內曾有總督二，特爲時甚暫耳。

巡撫三，曰順天，駐遵化，轄順天永平二府，康熙初裁。

彊臣年表順治十八年十月裁順天巡撫，淸史列傳卷六王登聯傳順治十八年六月聖祖仁皇帝御極，裁順天巡撫：是順天巡撫裁於順治十八年聖祖即位後，此曰『聖祖初裁』則可，曰『康熙初裁』則非矣。又本稿卷二十五宋權傳順治元年巡撫順天如故，初駐密雲，旋以遵化當衝要，詔移駐之。

曰保定，駐眞定，轄保定正定順德廣平大名河間六府，順治十六年裁。

彊臣年表順治六年八月以直隸山東河南總督兼保定巡撫，十五年裁直隸總督，復以潘朝選巡撫保定，康熙五年十二月巡撫王登聯罷，是後不見紀載。此曰『順治十六年裁』，誤。又『正定』正應作眞。

曰宣府。駐宣府鎭，轄延慶保安二州，順治八年裁。

彊臣年表，淸史列傳卷七八李鑑傳，順治元年五月巡撫宣府如故，四年褫職，自後不見紀載。此曰『順治八年裁』，亦誤。又年表及卷二十六雷興傳與以順治元年十月巡撫天津，六年五月始裁，則順治初直隸境內巡撫有四。

五年置直隸山東河南三省總督，駐大名，

年表及卷二十四張存仁傳，順治六年八月，始以存仁總督直隸山東河南，巡撫保定；此作『五年』，誤。十六年改爲直隸巡撫，明年移駐眞定，康熙八年復移駐保定，雍正二年復改總督。

年表順治十五年五月，裁直隸山東河南三省總督，直隸巡撫則康熙六年正月始設，二者初不相涉；此曰十六年改總督爲巡撫，誤。

志敍州縣沿革，或以正文，或爲注，無一定體例。如此段移駐眞定一句與移駐保定一句性質相同，而一者爲注，一者爲正文。下類此者甚多，不贅舉。

先是順治十八年增置直隸總督，亦駐大名，康熙五年改三省總督，八年裁。

年表及卷三十六朱昌祚傳，康熙四年六月，以昌祚爲直隸山東河南總督；此作『五年』，誤。志敍省之建置沿革止於此。今按雍正二年置直隸布政使司，直隸始比行省，此事關係名義至鉅，而志脫之。(初年仍明制，直隸不設布政使司。設守道於保定帶山西布政司參政銜。)

康熙三十二年改宣府鎮爲宣化府，降延慶保安二州隸之。

註一句當刪，二州已於順治十年降屬宣府鎮矣(見宣化府下)，不始於宣府改府時也。(初年仍明制爲直隸州。)

雍正二年增置張家口廳。

一統志宣化府關隘作雍正三年。

三年升天津衛爲直隸州。

會典事例作二年。

九年爲府。

會典事例作八年。

十一年熱河廳易州並爲直隸州。

當曰，以熱河廳爲承德直隸州；此不出承德二字，據文義則誤爲熱河直隸州矣。易州爲直隸州，本志保定府下作雍正十二年。

乾隆四十三年復升熱河廳爲承德府。

承德前曾爲州，未嘗爲府，『復』字當刪。

光緒三十年置朝陽府，明年置建平隸之。

敍承德府建置沿革自設廳起，而於朝陽則否，體例不一。吳廷燮光緒增改郡縣表朝陽府建平縣三十年正月同時設。

三十三年升赤峰縣爲直隸州，置開魯等四縣隸之。

按赤峰州實領開魯林西二縣；此曰『四縣』，誤。『三十三年』或作三十四年。

志於州縣沿革或既見於州縣又見於府州又見於省，或見於州縣府州而不見於省，或但見於州縣，或但見於府州，體例參差不一。竊意州縣之沿革當敍見於州縣，府州之沿革當敍見於府州，省之沿革當敍見於省，凡州縣府州沿革之見於省，州縣沿革之見於府州者，皆當刪。

今京尹而外領府十一，直隸州七，直隸廳三，散州九，散廳一，縣百有四。

實查散州凡一十二，祁，安，晉，開，磁，滄，景，平泉，蔚，延慶，保安，灤，並順天所領通，昌平，涿，霸，薊五州共一十七；縣凡一百零八，並順天所領一十九共一百二十七。志所著錄縣共一百二十二，脫臨城，建平，阜新，綏東，開魯五縣。

順天府明領州六，縣二十五。

按明史地理志順天府領州五縣二十二，此誤。清以遵化爲直隸州，割玉田豐潤隸之，省漷縣，增寧河，故領州五，縣十九。

雍正九年置寧河。

會典事例作元年。

通州隸東路廳。

當曰，東路廳駐，州隸之。

阜平順治末省，康熙二十二年復置。

一統志順治十六年省入曲陽行唐二縣，康熙二十二年復置。

靑順治末省興濟入之。

一統志順治六年併興濟入靑縣；此作「順治末」，誤也。

河間府隸淸河道。

一統志隸天津道，是也；此誤。

會典事例作八年。

平泉州雍正七年置八溝廳爲南境。

隆化光緒三十年以張三營子置。

按二十九年初議設縣，治張三營子，朝命緩設，見光緒增改郡縣表。旋復依前議設縣，則治唐三營，民國自唐三營移治黃姑屯也。「三十年」或作三十四年。

朝陽府　乾隆三十年置塔溝廳爲東境，三十九年析置三塔廳，四十三年置朝陽縣，光緒三十年以墾地多熟升府，以建昌隸之，又置縣三。領縣四：　建昌

會典事例乾隆三年置塔子溝廳，此衍「十」字，脫「子」字。「三塔廳」應作三座塔廳。「又置縣三」者，建平地名新丘，與府同年設，阜新地名鄂爾土坂，亦三十年設，綏東地名小庫倫，光緒三十四年設也，志並脫。

赤峰直隸州　光緒三十三年升直隸州，增置林西，領縣一：

林西

按赤峰州實領二縣，此脫開魯，與州及林西同年置。

赤城明赤城。

注『赤城』下脫堡字。

萬全明萬全右衛，康熙三十二年改置。

一統志古蹟萬全右衛，康熙三十二年改置萬全縣，以張家口，膳房，新河口，洗馬林等四堡併入。

蔚州有衛，康熙三十二年改，乾隆三十二年省入。

注『改』字下脫爲『蔚縣』三字。縣以乾隆二十二年省併入州。

延慶州 舊隸宣府鎮爲東路，順治末省永寧縣入衛，康熙三十二年改，乾隆二十六年又省延慶衛及所轄五千戶所入之。

一統志關隘順治十六年併永寧縣入永寧衛，康熙三十二年又併衛入延慶州。此敍永寧縣沿革未盡；且雜入延慶州沿革中，眉目不清。又『康熙三十二年改』者，改隸也，非改置，詞義不明。

獨石口廳明初爲開平衛，順治初爲上北路，隸宣府鎮，康熙中置縣丞，曰獨石路，併衛入赤城，雍正十二年置理事廳。

按宣德五年始自故開平城移開平衛於獨石口，『明初』初字當刪。一統志康熙三十二年併衛入赤城縣。仍設參將駐防曰獨石路，敍次甚明。此先曰『置縣丞』，後曰『併衛入赤城』，又不出參將駐防句而以『曰獨石路』接『置縣丞』後，何其混淆雜亂之甚也！

永平府 先是雍正初以順天之玉田豐潤來隸。

一統志作三年，會典事例作四年，本志玉田下作二年。

玉田雍正二年自順天改屬，乾隆八年來隸。

『改屬』下脫永平二字。

趙州直隸州 領縣五： 柏鄉 隆平 高邑 寧晋

脫臨城一縣。

山海經圖與職貢圖

王以中

自來言目錄之學者，對於山海經一書之部居，頗不一致：或以爲小說家，或屬諸地理，而漢書藝文志則本七略而入於形法家，與堪輿相人之書同科。是皆爲條目所限，以其片面之形體強爲分別，而未足以明此書性質之整體者也。惟欲定一書之實質，當先知其書之淵源與功用。自來言山海經之淵源者稱以畢沅之說最爲允當。

畢沅山海經新校正序，『「禹鑄鼎象物，使民知神姦」。按其文，有國名，有山川，有神靈奇怪之所際，是鼎所圖也。鼎亡於秦，故其先時人猶能說其圖以著於册。劉秀又釋而增其文，是大荒經以下五篇也。大荒經四篇釋海外經，海內經一篇釋海內經，當是漢時所傳。亦有山海經圖，頗與古異，秀又依之爲說，即郭璞張駿見而作讚者也。劉秀之表山海經云：『可以考禎祥變怪之物，見遠國異人之謠俗』。……山海經五藏山經三十四篇，古者土地之圖。周禮大司徒：『用以周知九州之地域廣輪之數，辨其山林川澤邱陵墳衍原隰之名物』；管子：『凡兵主者，必先審知地圖，轘轅之險，濫車之水，名山通谷經川陵陸丘阜之所在，苴草林木蒲葦之所茂，道里之遠近』；皆此經之類。故其書不廢。」又山海經古今本篇目考：「山海經有古圖，有漢所傳圖，有梁張僧繇等圖。十三篇中，海外海內經所說之圖，當是禹鼎也。大荒經巳下五篇所說之圖，當是漢時所傳之圖也，以其圖有成湯，有王亥僕牛等知之，又微與古異也。據藝文志，山海經在形法家，本劉向七略，以有圖，故在形法家。又郭璞注中有云：『圖亦作牛形』，又云：『亦在畏獸畫中』。又郭璞及張駿有圖讚；陶潛詩亦云：『流觀山海圖』。

禹鑄九鼎之說是否可靠，與夫海外海內經所說之圖是否禹鼎，皆爲未解決之問題。惟其言山海經原爲圖象之說明，更於海外海內經校注中屢屢指明其記述圖象之文字，尤爲探本之說，與事不甚相違也。

吾人若假設畢氏之說爲眞確，則私意尚有二假說可與畢氏之論相發明：

（一）中國古來地志，多由地圖演變而來。其先以圖爲主，說明爲附；其後說明日增而圖不加多，或圖亡而僅存說明，遂多變爲有說無圖與以圖爲「附庸」之地志。設此說與畢氏之說皆確，則山海經一書不僅爲中國原始之地志，亦可謂中國最古地圖之殘跡矣。

（二）山海經爲古代中國各部族間由會盟征伐及民間「十口相傳」之地理知識之圖象與記載，與後世職貢圖之性質相類似，故山海經圖亦可謂爲職貢圖之初祖。

前一說之眞確與否當另文討論之；而後一說者，即本文所以將山海經圖與職貢圖相提並論之故也。

職貢圖爲圖繪四裔各民族之形體，風俗，特產及其生活狀况者，現有皇清職貢圖及苗民風俗圖等可以目覩；而山海經者誠如畢氏之說，亦即古代與此同樣性質之書。惟因其時人民智識幼稚，「十口相傳」，由事實而變爲神話，加以圖與說分離而僅存空文，遂令後之覽者多視爲奇聞小說，而不覺其初之爲職貢圖說也。

至於畢氏之以五藏山經爲土地之圖，說亦甚似。且竊疑中國古代之地圖或即由此類山海圖說演變而出。蓋上古之民在已有圖繪文字之時，其所以表記異域之風土民族者，僅能繪其所注目與傳聞之特殊現象，而其邦國之遠近，方位之前後，與其廣表錯綜之處，則惟恃文字之記注與說明，而圖繪未能表明焉。其後大抵因軍事與行政上之需要，始有地圖以表示山川方位，地勢險異，以及土地廣表之概。但其地圖之繪法，仍不若今日測繪之地圖，能以比例及等高線等直接表明於圖。故其道里之遠近，山水之高深，地域之廣輪，仍不能不有賴於文字之記注。而五藏山經以及後世一部分有說無圖之地志，殆皆此等古地圖之「遺骸」也。

中原邦土遊行所及之處，可以地圖繪其道里方位之大略；而四夷荒遠之地，僅有朝貢來廷之人與物，可以目覩而耳食，而無由以地圖表示之，所可表者，其惟此目覩耳食之職貢圖耳。故若謂中國地圖由山海圖經進化而來，則職貢圖者其即山海圖經之未經進化之雛形歟。

惟山海經之原形如何，不可知，而宋趙以前之古地圖亦不可以目驗，以上云云皆不過憑少數記載由今推古作大略之推測，未足謂爲定論。茲姑記其假說如此，以待後日之詳考，並盼海內明達加以指正云爾。

以下更彙錄關於山海經圖與職貢圖之記載，俾學者可了然於此項圖籍之沿革，而當世博雅之士，其有以糾吾失而補吾缺者，亦可以便於考檢焉。

（甲）山海經圖

大荒經圖

據畢沅說，爲漢所傳圖，見前引山海經古今本篇目考。此圖殆已爲地圖之形式，與古圖異，其時期自亦較晚。

郭璞山海經圖讚二卷

隋書經籍志，舊唐書經籍志，新唐書藝文志，及宋史藝文志俱著錄。郭氏作讚之圖，不知是漢所傳圖，抑後人另作之圖。

張駿山海經圖畫讚

初學記馬部及太平御覽鱗介部俱引之。張氏所見之圖不知與郭璞所見同否。陶潛詩所謂「流觀山海圖」亦不知是一是二。惟當時此圖殆不止一本，疑必有畫家輾轉摹繪者，文人又各以其所見者題讚耳。

張僧繇山海經圖十卷

玉海地理書：「中興書目：山海經圖十卷，本梁張僧繇畫。咸平二年，校理舒雅銓次館閣圖書，見僧繇舊蹤尚有存者，重繪爲十卷。又載工侍朱昂進僧繇畫圖表於首。僧繇在梁以善畫著，每卷中先類所畫名，凡二百七十四種」。

山海經圖六　又鈔圖一　大荒經圖二十六

見唐張彥遠歷代名畫記述古之秘畫珍圖

玉海地理書禹山海經：「書目又有圖十卷，首載郭璞序，節錄經文而圖其物，如張僧繇本，不著姓名」。

大抵魏晉以降，山海經圖已由實用品而變爲一種藝術品，羣相倣效；而張僧繇本則因其善畫而特著。其他無名作者殆不可以一二數也。

舒雅山海經圖十卷

參前條所引玉海，即由張僧繇舊圖摹繪者。

郡齋讀書後志云：「右皇朝舒雅等撰。雅仕江南，韓熙載門人也。後入朝，數豫修書之選。閩中刊行本，或題曰張僧繇畫，妄也」。歐陽修有讀山海經圖詩。通志圖譜略亦有山海經圖，不著撰人。

按上列各圖，除畢沅所謂漢所傳大荒經圖及郭璞等所見圖，或略存古圖之遺意外，此後大抵皆因文字以繪圖，與原始山海經之因圖象以注文字者，適如反客爲主。六朝之世，此種圖繪殆盛行一時，其圖繪之藝術或較進步，而其去實際之意義則愈遠矣。隋唐五代，尚未見有此種圖畫之著錄，容當續爲搜考。幸宋代張氏舊圖猶存，故舒雅得從而摹繪之。自是以後，迄於明代，亦未見此事之史料可考。惟明末淸初，吳任臣氏作山海經廣註並附圖五卷，雖自謂本舒雅舊稿，而四庫提要言其「以意爲之」，斥而不取。淸初汪紱之山海經存十八篇，每篇之末有圖，光緒間有石印本。郝懿行山海經箋疏亦有附刊圖象者，殆亦「望文生訓」「以意爲之」，不但與原始之圖大相逕庭，即視張僧繇舒雅之圖恐亦不可同日而語矣。

(乙)職貢圖

梁元帝職貢圖一卷

見歷代名畫記述古之秘畫珍圖；注云：「外國酋渠諸番士俗始末，仍各圖其來貢者之狀。金樓子言之，梁元帝畫。」

舊唐書經籍志，新唐書藝文志，崇文總目俱著錄。通志圖譜略作「梁元帝二十八國職貢圖」。

江僧寶職貢圖

僧伽佛陀彌菻國人物圖　器物様外國獸圖

俱見歷代名畫記卷七註。

按以上諸圖俱在梁代，而張僧繇之山海經圖適亦作於是時，豈古代之山海經圖演變爲想像的藝術品，而實際之「新山海經圖」乃不得不應運而生乎？

裴子野方國使圖

梁書裴子野傳：「是時西北郊外有白題及滑國遣使由岷山道入貢。此二國歷代弗賓，莫知所出。子野曰：『漢潁陰侯斬白題將一人，服虔註云：白題，胡名也。又漢定遠侯擊虜入滑，從之。此其後乎』。時人服其博識。敕仍使撰方國使圖，廣述懷來之盛，自要服至於海表凡二十國」。

按裴氏此圖之作，大抵多據載籍，疑爲地圖與職貢圖之混合體，而文字之說明較多。其地圖之形式想甚粗略。

百國人圖

見歷代名畫記述古之秘畫珍圖。其製圖時代莫詳，大柢爲六朝時作品。

唐職貢圖

新唐書百官志：「兵部職方郎中員外郎各一人，掌地圖城隍鎮戍烽堠防人道路之遠近，及四夷歸化之事，凡圖經非州縣增廢，五年乃修，歲與版籍偕上。凡蕃客至鴻臚，訊其國山川風土，爲圖奏之，副上於職方。殊俗入朝者圖其容狀衣服以聞」。

按此，知唐代職方地圖有三種：一爲國內圖經，係行政上之用，蓋即地圖之尙未變爲後世方志形式者；二爲四裔之圖，乃因地理智識之擴張已由山海經圖或職貢圖之形式變爲地圖者（裴矩脩西域圖已如此）；三則荒遠異國，不能繪爲地圖，而僅圖其容狀衣服，即簡單之職貢圖是。由是可見，地圖之範圍愈擴大，則職貢圖之「領域」愈小，此其遞嬗消長之跡之可以推見者也。

呂述黠戛斯朝貢圖傳一卷。

見新唐書藝文志。註云：「字修業，會昌祕書少監，商州刺史」。通志藝文略作「黠戛斯朝貢圖十卷，呂述撰」。崇文總目及宋史藝文志作「李德裕撰」，錢繹釋崇文目，言通志略及宋志均「無圖字」。「圖」蓋「傳」字之誤。

閻立本西域諸國風物圖

見通志藝文略。

職貢圖三卷

見通志藝文略及崇文總目，不知爲何時作品。

崔峽華夷列國入貢圖二十卷

玉海異域圖書太平興國海外諸域圖：「國史志：崔峻華夷列國入貢圖二十卷」。崇文總目及通志圖譜略俱著錄，惟不著撰人。宋史藝文志誤「峻」爲「峽」，並省「華夷」二字。

以上彙錄個人所知關於山海經圖與職貢圖之記載略具於斯。惟史料缺少，未足以明其流變之詳；而隋唐及元明時代之材料，尤感缺少。海內宏博苟能以本文未見之材料見示，曷勝欣幸。

民國二十二年以來所修刻方志簡目

徐家梋

(一) 江蘇省

志名	卷數	編纂者	編纂時期
高淳縣志	二十八卷	劉春堂吳壽寬纂	民國七年本
高淳縣鄉土志	一卷	吳壽寬纂	民國二年本
六合縣續志稿	十八卷	鄭耀烈纂	民國八年本
吳縣志	二十七卷	張一麐纂	民國十九年本
又	八十卷	曹允源纂	民國二十二年本
黄棣志	四卷	朱福熙程錦熙纂	民國十年本
木瀆小志	六卷	張郁文纂	民國十年本
崑新兩縣續補合志	二十四卷	李傳元纂	?
相城小志	六卷	施兆麟纂	民國十八年本
張堰志	十二卷	姚裕廉纂	民國九年本
上海縣志	三十卷	吳馨姚文枬纂	民國七年本
法華鄉志	八卷	胡人鳳纂	民國十一年本
江灣里志	十五卷	張寶鑑陸遵銘纂	民國十年本
南匯縣志	二十二卷	秦錫田纂	民國十七年本
章練小志	八卷	萬以增纂	民國七年本
無錫縣志	六卷		民國十一年本
錫金續識小錄	六卷	竇鎮纂	民國十四年本
江陰縣志	二十八卷	陳思繆荃孫纂	民國十年本
光宣宜荆續志	十二卷	陳善謨纂	民國九年本
重刊宜興縣志	四卷	李傳元纂	?
丹陽縣志	二十四卷	胡爲和纂	民國十六年本
金壇縣志	十二卷	馮煦纂	民國九年本
泗陽縣志	二十五卷	李佩恩張相文纂	民國十四年本
江都縣續志	十六卷	趙邦彥纂	民國十年本
瓜洲續志	二十八卷	于樹滋纂	民國十六年本
甘泉縣志	二十九卷	趙邦彥纂	民國十年本

銅山縣志	七十六卷	余嘉謨王嘉詵纂	民國十五年本
沛縣志	十六卷	于雲書纂	民國九年本
鎭洋縣志	十一卷	王祖畬纂	民國七年本
嘉定縣續志	十五卷	陳傳德纂	民國十九年本
寶山縣續志	十七卷	張允高錢淦纂	民國十年本
寶山縣再續志	十七卷	吳葭纂	民國二十年本
寶山縣新志備稿	十三卷	趙恩鉅纂	民國二十年本
崇明縣志	十八卷	曹炳麟纂	民國十八年本
續楡續志	四卷	王佐良纂	民國八年本
南通縣圖志	二十四卷	范鎧張謇纂	民國十四年本

(二) 浙江省

於潛縣志	二十卷	謝青翰纂	民國二年本
新登縣志	二十卷	徐士沄纂	民國十一年本
昌化縣志	十八卷	曾國霖陳培珽纂	民國十三年本
嘉興新志		陸志鴻纂	民國十七年本
新塍鎭志	二十六卷	朱士楷纂	民國五年本
梅里備志	八卷	余霖纂	民國十一年本
濮院志	三十卷	夏辛銘纂	民國十八年本
雙林鎭志	三十二卷	蔡蒙纂	民國六年本
南潯志	四十卷	汪曰楨纂	民國十一年本
德淸縣志	十四卷		
奉化縣補遺志	十卷	蔣堯裳纂	民國六年本
鎭海縣志	四十五卷	洪錫蕃纂	民國二十年本
南田縣志	三十四卷	呂耀鈐纂	民國十九年本
定海縣志	十六卷	陳訓正馬沄纂	民國十二年本
會稽縣志	二十卷	王家襄纂	民國十五年本
新昌縣志	二十卷	金城陳畬纂	民國七年本
湯谿縣志	二十卷	丁燮戴鴻熙纂	民國二十年本
龍游縣志	四十二卷	余紹宋纂	民國十四年本
建德縣志	十五卷	夏曰璈王韌纂	民國八年本
遂安縣志	十卷	羅伯農姚桓纂	民國十九年本
壽昌縣志	十卷	陳煥李任纂	民國十九年本
瑞安鄉土記	六十四卷	陳謐纂	民國二十一年本
平陽縣志	九十八卷	符璋纂	民國十四年本
麗水縣志	十四卷	李鍾嶽纂	民國十五年本
松陽縣志	十四卷	林鵾翔纂	民國十五年本
象山縣志	三十二卷	李洣纂	民國十五年本

(三) 安徽省

懷寧縣志	三十四卷	朱之英舒景衡纂	民國四年本
潛山縣志	二十四卷	吳俊年纂	民國四年本
又	三十卷	吳蘭生劉廷鳳纂	民國九年本
太湖縣志	四十卷	呂調元纂	民國十一年本
宿松縣志	五十六卷	俞慶瀾張燦奎纂	民國十年本
歙縣四志	十六卷	吳克俊纂	民國十二年本

黟縣四志　十六卷　吳克俊程壽保纂　民國十一年本
南陵縣志　四十八卷　徐乃昌余誼密纂　民國十三年本
當塗縣鄉土志　二卷　歐陽銓纂　民國五年本
蕪湖縣志　六十卷　余誼密鮑實纂　民國八年本
太湖縣志　十二卷　丁炳烺纂　民國十三年本
蒙城縣志　十二卷　汪篪黃興經纂　民國三年本
渦陽縣志　十八卷　黃佩蘭王佩箴纂　民國十三年本
全椒縣志　十六卷　張其濬江克讓纂　民國九年本
英山縣志　十四卷　劉鎬胡鑑瑩纂　民國九年本

（四）江西省

南豐縣志　三十八卷　黎廣潤趙惟仁纂　民國十三年本
大庾縣志　十六卷　吳寶炬纂　民國八年本

（五）湖北省

蒲圻縣鄉土志　一卷　宋衍錦纂　民國十二年本
通山縣鄉土志略　余六繁纂　民國七年本
夏口縣志　二十二卷　侯祖畬呂寅東纂　民國九年本
南漳縣志　十九卷　包安保向承煜纂　民國十一年本
棗陽縣志　三十四卷　梁汝澤纂　民國十二年本
咸豐縣志　十二卷　陳侃徐大煜纂　民國三年本

（六）湖南省

桃源縣志　十一卷　汪保誠纂　民國六年本
衡山縣志　六卷　民國十三年本
漵浦縣志　三十二卷　吳劍佩纂　民國十年本
永順縣志　三十六卷　張孔修纂　民國十九年本
永順風土志　一卷　劉正學纂　民國十二年本
慈利縣志　二十二卷　田興奎吳恭亨纂　民國十二年本

（七）四川省

雙流縣志　四卷　汪懷廷纂　民國十年本
溫江縣志　十二卷　張驥纂　民國十年本
金堂縣續志　十卷　王暨英曾茂林纂　民國十年本
新都縣志　六卷　陳習刪纂　民國十七年本
崇寧縣志　八卷　陳邦倬纂　民國十三年本
簡陽縣志　二十四卷　魏思溥纂　民國十六年本
簡陽縣續志　十卷　李青廷汪金相纂　民國二十年本
崇慶縣志　十二卷　謝汝霖羅黼元纂　民國十五年本
江津縣志　十四卷　程德音纂　民國十年本
南川縣志　十四卷　柳琅聲韋麟書纂　民國二十年本
合川縣志　八十三卷　鄭賢書張森楷纂　民國九年本
涪陵縣志　二十七卷　施紀雲纂　民國十七年本
閬中縣志　三十卷　岳永武纂　民國十五年本
蒼溪縣志　十五卷　熊道琛李靈椿纂　民國十七年本
巴中縣志　四卷　王縉余震纂　民國十六年本
南江縣志　四卷　岳永武纂　民國十一年本
劍閣縣志　十卷　張政纂　民國十六年本

南充縣志	六卷	李良俊王荃善纂	民國十八年本
大竹縣志	十六卷	鄭國翰曾瀛藻 陳步武江三乘纂	民國十七年本
富順縣志	十七卷	彭文治盧慶嘉纂	民國二十一年本
名山縣新志	十六卷	胡存琮纂	民國十九年本
滎經縣志	二十卷	張趙才纂	民國十七年本
峩邊縣志	四卷	李宗鍠纂	民國四年本
犍爲縣志	六卷	陳謙纂	
榮縣志	十五卷	趙熙纂	民國十八年本
三臺縣志	二十六卷	林志茂張樹勳纂	民國二十年本
中江縣志	二十四卷	陳品全纂	民國十九年本
遂寧縣志	八卷	甘燾王懋照纂	民國十八年本
眉山縣志	十五卷	郭廣林纂	民國十二年本
丹陵縣志	八卷	楊萬成纂	民國十二年本
邛崍縣志	四卷	甯湘纂	民國十一年本
大邑縣志	十四卷	王銘新宋育仁纂	民國十九年本
合江縣志	六卷	王玉璋張開文纂	民國十八年本
綿竹縣志	十八卷	黃尚毅纂	民國九年本
達縣志	二十卷		民國二十年本
酆都縣志	十四卷	黃光輝余樹棠纂	民國十六年本
懋功縣鄉土志			民國六年本
松潘縣志	八卷	傅崇矩徐湘纂	民國十三年本
雷邊廳鄉土志	一卷	楊松年纂	民國元年本

（八） 河北省

良鄉縣志	八卷	周志中　呂植纂 見之深	民國十三年本
安次縣志	十二卷	馬鍾秀纂	民國三年本
密雲縣志	八卷	甯樞宗慶煦纂	民國三年本
房山縣志	八卷	馮慶瀾高書宮纂	民國十六年本
霸縣志	五卷	唐肯修章鈺纂	民國八年本
文安縣志	十二卷	陳楨李蘭增纂	民國十一年本
平谷縣志	四卷	王兆元纂	民國九年本
徐水縣新志	十二卷	劉延昌劉鴻書纂	民國二十一年本
雄縣新志	二十一卷	秦廷修褚保熙纂 劉崇本	民國十九年本
臨榆縣志	二十四卷	仵墉纂	民國十七年本
獻縣志	二十卷	薛鳳鳴張鼎彝纂	民國十四年本
交河縣志	十卷	高步青苗毓芳纂	民國五年本
鹽山縣新志	三十卷	賈恩紱纂	民國六年本
慶雲縣志	十二卷	馬龍潭纂	民國三年本
景縣志	六卷	孟昭章李翰如纂	民國十六年本
晉縣鄉土志		李翰如纂	民國四年本
廣宗縣志	十六卷	姜櫆榮韓敏修纂	民國二十二年本
任縣志	八卷	王億年劉書旂纂	民國四年本
成安縣志	十六卷		民國二十年本
威縣志	二十卷	尚希賢纂	民國十八年本
清河縣志	十六卷	劉樱春范晁纂	民國十七年本

清豐縣志　十卷　劉陸朝胡魁鳳纂　民國三年本
冀縣志　二十卷　王樹枏纂　民國十八年本
新河縣志　二十四卷　傅振倫纂　民國十八年本
寧晉縣志　十一卷　張震科纂　民國十八年本

（九）山東省

歷城縣志　五十四卷　毛承霖纂　民國十三年本
鄒平縣志　十八卷　欒鍾垚趙仁山纂　民國三年本
桓臺縣志　二十六卷　袁勵杰王寀廷纂　民國二十二年本
桓臺志略　三卷　袁勵杰王寀廷纂　民國二十二年本
齊河縣志　三十四卷　民國二十二年本
冠縣志　十卷　李復齋纂　民國二十二年本
館陶縣志　十二卷　盧少泉纂　民國二十年本
樂安縣志　十三卷　李傳煦王永貞纂　民國七年本
安邱縣志　二十五卷　孫維均馬步元纂　民國九年本
臨淄縣志　三十五卷　舒孝先纂　民國九年本
福山縣志稿　十卷　王陵基于宗潼纂　民國二十年本
膠澳志　十二卷　趙琪袁榮叜纂　民國十七年本
陽信縣志　八卷　朱蘭勞迺宣纂　民國十五年本
無棣縣志　二十四卷　侯蔭昌張方墀纂　民國十三年本
臨沂縣志　十四卷　沈兆禕王景祜纂　民國五年本
泰安縣志　十四卷　孟昭章纂　民國十八年本
萊蕪縣志　二十二卷　張梅亭纂　民國十一年本
單縣志　二十四卷　項葆楨李經野纂　民國十八年本
定陶縣志　十二卷　馮麟溎曹垣纂　民國五年本
朝城縣志　二卷　杜子楙賈銘恩纂　民國九年本
濟寧縣志　四卷　袁紹昂纂　民國十六年本
武城縣志　十五卷　王延綸王謙銘纂　民國元年本

（十）河南省

鄭縣志　十八卷　周秉彝韓瑞麟纂　民國五年本
汜水縣志　十二卷　田金祺趙東階纂　民國十七年本
密縣志　二十卷　汪忠纂　民國十三年本
河陰縣志　十七卷　高廷璋蔣藩纂　民國六年本
夏邑縣志　九卷　黎德芬纂　民國九年本
新鄉縣續志　六卷　田芸生纂　民國十二年本
武陟縣志　二十四卷　史延壽王士傑纂　民國十九年本
洛寧縣志　八卷　賈毓鶚王鳳翔纂　民國六年本
澠池縣志　二十卷　陸紹治李鳳翔纂　民國十七年本
確山縣志　二十四卷　張縉璜纂　民國二十年本
淮陽縣志　二十卷　嚴緒鈞李撰卿纂　民國五年本
商水縣志　二十五卷　趙倜楊淩閣纂　民國七年本
太康縣志　十二卷　杜鴻賓劉盼遂纂　民國二十二年本
臨潁縣志　十六卷　陳垣管大同纂　民國五年本
長葛縣志　十卷　陳鴻疇劉盼遂纂　民國十九年本
閿鄉縣志　二十四卷　黃覺纂　民國二十一年本

（十一）山西省

洪洞縣志　十八卷　孫奐崙韓垌纂　民國六年本
岳陽縣志　十六卷　李鍾珩王之哲纂　民國二年本
臨晉縣志　十六卷　俞家驥趙意空纂　民國十二年本
虞鄉縣新志　十卷　周振聲李無逸纂　民國九年本
萬泉縣志　八卷　何棨馮文瑞纂　民國三年本
襄垣縣志　八卷　嚴用琛王維新纂　民國十七年本
臨縣志　二十卷　吳命新纂　民國六年本
昔陽縣志　六卷　皇甫振清李光宇纂　民國四年本
解縣志　十四卷　曲迺銳纂　民國九年本
安邑縣志　七卷　鄭裕孚纂　民國十一年本
聞喜縣志　二十五卷　余寶滋楊韍田纂　民國八年本
武鄉縣志　四卷　張揚祚郝世楨纂　民國十八年本
重修和順縣志　十卷　張鑒典王汝玉纂　民國三年本

（十二）陝西省

咸陽縣志　八卷　劉安國馮光裕纂　民國二十年本
興平縣志　八卷　王廷珪張元際纂　民國十二年本
臨潼縣志　九卷　鄧長耀纂　民國十年本
盩厔縣志　八卷　龐文中任肇新纂　民國十四年本
安塞縣志　十二卷　安廣豐郭永清纂　民國三年本
延長縣志　十卷
寶鷄縣志　十六卷　曹驥觀纂　民國十一年本
南鄭縣志　七卷　郭鳳洲劉定鐸纂　民國十年本
榆林縣鄉土志　一卷　民國六年本
橫山縣志　四卷　劉濟南曹子正纂　民國十八年本
安康縣鄉土志　民國二十一年本
紫陽縣志　六卷　楊家駒陳振紀纂　民國十四年本
澄城縣志　十二卷　王懷斌纂　民國十五年本

（十三）甘肅省

渭源縣志　十卷　陳鴻寶纂　民國十五年本
漳縣志　八卷　張鶚纂　民國十七年本
東樂縣志
鎮番縣志　十二卷　周樹清纂　民國八年本
永昌縣志　八卷　閻權纂　民國七年本
重修崇信縣志　四卷　張明道任瀞輪纂　民國十五年本
高臺縣志　八卷　徐家瑞錢昌緒纂　民國十年本

（十四）福建省

福建通志　三百十一卷　陳衍纂　民國十一年本
長樂縣志　三十卷　孟昭涵李駒纂　民國七年本
連江縣志　三十四卷　曹剛纂　民國十一年本
閩清縣志　八卷　楊宗彩劉訓常纂　民國十年本
永泰縣志　十二卷　董秉清汪紹沂纂　民國十一年本
同安縣志　四十二卷　林學增纂　民國十七年本
長泰縣志　十二卷　謝梅年纂　民國二十一年本

沙縣志　十二卷　梁伯蔭纂　民國十七年本
建甌縣志　三十七卷　詹宣猷蔡振堅纂　民國十八年本
松溪縣志　十卷　潘洪辰纂　民國十七年本
政和縣志　三十五卷　錢鴻文李熙纂　民國八年本
建寧縣志　二十八卷　錢江范毓桂纂　民國八年本
寧化縣志　二十卷　黎彩彰纂　民國十五年本
霞浦縣志　四十卷　王升懷纂　民國十五年本
平潭縣志　三十二卷　黃履思纂　民國十二年本
龍巖縣志　三十七卷　馬龢鳴林輪生纂　民國九年本

（十五）廣東省

佛山忠義鄉志　十九卷　戴曾謀冼寶幹纂　民國十二年本
香山縣志　二十二卷　厲式全汪文炳纂　民國九年本
花縣志　十三卷　孔昭度利璋纂　民國十三年本
樂昌縣志　二十三卷　劉運鋒陳宗撐纂　民國二十年本
始興縣志　十六卷　陳及時纂　民國十五年本
羅山縣志　二十二卷　劉運熙纂　民國三年本
瓊東縣志　九卷　陳述芹纂　民國十四年本
赤溪縣志　八卷　王大魯纂　民國九年本
連山縣志　凌錫華纂　民國十七年本

（十六）廣西省

永福縣志　四卷　劉興纂　民國五年本
灌陽縣志　二十四卷　林帝楨蔣良術纂　民國三年本
宜山縣志　三卷　陳贊舜纂　民國七年本
河池縣志　四卷　黃祖瑜纂　民國八年本
武鳴縣志　十卷　温德溥曹唯儒纂　民國四年本
西林縣志　民國二十年本
荔浦縣志　四卷　顧英明纂　民國三年本
桂平縣志　五十九卷　黃占梅纂　民國九年本
武宣縣志　十五卷　唐朝綑覃先澄纂　民國三年本
隆安縣志　六卷　陽壽祺纂　民國二年本
永淳縣志　八卷　黃天錫纂　民國十三年本
思上縣志　六卷　黃大受黃步青纂　民國四年本
同正縣志　民國六年本

（十七）雲南省

昆明市志　昆明市市政公所總務課纂　民國十三年本
宜良縣志　十卷　王槐榮纂　民國十年本
晉寧縣志　十二卷　桂良纂　民國十五年本
陸良縣志　八卷　黃玉芳纂　民國四年本
建水縣志　十八卷　周鍾嶽纂　民國九年本
黎縣志　盧厚山纂
江川縣鄉土志　四卷　張維翰纂
路南縣志　十卷　馬標纂
思安縣志　十二卷　唐繼堯纂　民國十三年本
大理縣志稿　三十二卷　張培爵纂　民國五年本

定遠縣志	八卷	伊里布纂	民國十八年本
永平縣志			
武元祿三屬通志	四卷		
蒙化縣志稿			
（十八）貴州省			
甕安縣志	二十一卷	李退谷朱勳纂	民國四年本
都匀縣志稿	二十一卷	竇全曾陳矩纂	民國十四年本
八寨縣志稿	三十卷	郭輔相王世鑫纂	民國二十年本
大定縣志	二十二卷	周西成纂	民國十五年本
普安縣志	十八卷	楊學溥纂	民國十五年本
安南縣志		周叙彝纂	民國五年本
綏陽縣志	九卷	胡仁李培枝纂	民國十七年本
（十九）遼寧省			
瀋陽縣志	十五卷	趙恭定曾有翼纂	民國六年本
遼陽縣志	四十卷	裴煥星白永貞纂	民國十六年本
台安縣志	五卷	王紹武纂	民國十九年本
海城縣志	八卷	廷瑞孫紹宗纂	民國十三年本
蓋平縣鄉土志	二卷	崔正峯纂	民國九年本
復縣志略		程廷恒丹素纂	民國九年本
開原縣志	六卷	章啓槐趙家幹纂	民國六年本
開原縣志	十二卷	李毅王毓琪纂	民國十九年本
鐵嶺縣志	八卷	陳藝蔣齡益纂	民國六年本
法庫縣鄉土志		劉鳴復李心曾纂	
錦縣志略	二十四卷	王文藻纂	民國九年本
興城縣志	十五卷	王恩士楊蔭芳纂	民國十六年本
綏中縣志	十八卷	文鎰范炳勳纂	民國十八年本
錦西鄉土志			民國六年本
錦西縣志	六卷	張鑑唐郭逵纂	民國十八年本
興京縣志	十五卷	曾有翼纂	民國六年本
興京縣志	十五卷	蘇顯揚蘇民纂	民國十四年本
海龍縣志		白永貞纂	
東豐縣鄉土志			民國六年本
輝南縣志	四卷	白純義于鳳桐纂	民國十六年本
新民縣志	十八卷	王寶善張博惠纂	民國十五年本
黑山鄉土概要	一卷	麻肯天楊程遠纂	民國十三年本
昌圖縣志	四卷	程道元續文金纂	民國五年本
懷德縣志	十六卷	趙亨萃孫雲章纂	民國十八年本
鎮東縣志	五卷	陳興甲周渭賢纂	民國十六年本
雙山縣鄉土志	一卷	牛爾裕纂	民國三年本
鳳城縣志	十六卷	沈國冕蔣齡益纂	民國八年本
莊河縣志	十二卷	廖彭宋掄元纂	民國十年本
寬甸縣志略		程廷恒纂	民國四年本
桓仁縣志	十七卷	侯錫爵羅明述纂	民國十七年本
通化縣志	四卷	李春雨邵芳齡纂	民國十六年本

輯安縣鄉土志	一卷	吳清華纂	民國三年本
撫順縣志	五卷	車煥文纂	民國十九年本

（二十）吉林省

寧安縣志	四卷	王世選梅文昭纂	民國十三年本
樺川縣志	六卷	鄭士純朱衣默纂	民國十五年本
農安縣志	八卷	鄭士純朱衣默纂	民國十六年本
雙陽縣鄉土志		吳榮桂纂	民國四年本
扶餘縣志			民國十三年本
雙城縣鄉土志		魏紹周纂	民國五年本
雙城縣志	十五卷	高文垣張鼎銘纂	民國十五年本
賓縣志	四卷	宋雲桐纂	民國十八年本
依蘭縣志		楊步墀纂	民國九年本
方正縣志		楊步墀纂	民國八年本
珠河縣志	二十卷	孫荃芳宋景文纂	民國十八年本

（二十一）黑龍江省

黑龍江通志綱要		金梁纂	民國十四年本
黑龍江志稿	六十二卷	萬福麟張伯英纂	民國二十一年本
林甸縣志		伊雙鳳纂	民國六年本
海倫縣志		辛天成纂	民國二年本
望奎縣志	四卷	張玉書纂	民國八年本
拜泉縣志		張祖濬纂	民國三年本
拜泉縣志	四卷	張鼐如胡乃新纂	民國八年本
通北設治局通志		熊良弼纂	民國五年本
大賚縣志略		于英蕤纂	民國二年本
肇州縣志略		張樾纂	民國二年本
安達縣志			民國二年本
嫩江縣志		趙富安纂	民國二年本
青岡縣志		兆麟纂	民國二年本
綏化縣志	十二卷	常陰廷胡鏡海纂	民國九年本
訥河縣志			民國二年本
巴彥縣志		王岱纂	民國六年本
蘭西縣志		王英敏纂	民國二年本
通河縣鄉土志			民國十八年本
湯原縣志略		伊雙慶纂	民國十年本
呼倫縣志略		程廷恒纂	民國六年本
璦琿縣志	十四卷	孫蓉圖徐希廉纂	民國九年本
璦琿縣志			民國二年本
遜河設治局志			民國十八年本

（二十二）新疆省

烏蘇縣志	二卷	郭鑽先纂	民國七年本

（二十三）熱河省

隆化縣志	六卷	羅則逖施崎纂	民國八年本
宣化縣新志	十八卷	陳繼曾郭維城纂	民國十一年本

（二十四）綏遠省

綏乘	十一卷	張鼎彝纂	民國九年本
臨河縣志	三卷	王文墀纂	民國二十年本
集寧縣志	四卷	楊葆初纂	民國十三年本

（二十五）寧夏省

朔方縣志	三十一卷	馬福祥王之臣纂	民國十五年本

（二十六）青海省

大通縣志	六卷	劉運新纂	民國八年本
西寧縣風土調查記			民國二十一年本
貴德縣風土調查記		張祐周纂	民國二十一年本
共和縣風土調查記			民國二十一年本
尼和縣風土調查記			民國二十一年本
幾都縣風土概況調查錄			民國二十一年本
湟源縣風土調查錄			民國二十一年本
互助縣風土調查錄			民國二十一年本

（二十七）西康省

西康建省記		傅嵩林纂	民國元年本
西康通覽	二十二卷	山縣君（日人）著 陸軍部譯	民國二年本
衛藏攬要	一卷	邵欽權纂	民國四年本

後漢戶口統計表

王德甫

甲

州屬	郡國名	縣數	順帝永和五年戶口數		州總計		
			戶	口	縣	戶	口
司隸校尉部	河南尹	二一	二〇八•四八六	一•〇一〇•八二七	一〇六	六一六•三五五	三•一一六•一六一
	河內郡	一八	一五九•七七〇	八〇一•五五八			
	河東郡	二〇	九三•五四三	五七〇•八〇三			
	弘農郡	九	四六•八一五	一九九•一一三			
	京兆尹	一〇	五三•二九九	二八五•五七四			
	左馮翊	一三	三七•〇九〇	一四五•一九五			
	右扶風	一五	一七•三五二	九三•〇九一			

豫州刺史部	潁川郡	一七	二六三・四四〇	一・四三六・五一三			
	汝南郡	三七	四〇四・四四八	二・一〇〇・七八八			
	梁國	九	八三・三〇〇	四三一・二八三			
	沛國	二一	二〇〇・四九五	二五一・三九三			
	陳國	九	一一二・六五三	一・五四七・五七二			
	魯國	六	七八・四四七	四一一・五九〇	九九	一・一四二・七八三	六・一七九・一三九
冀州刺史部	魏郡	一五	一二九・三一〇	六九五・六〇六			
	鉅鹿郡	一五	一〇九・五一七	六〇二・〇九六			
	常山國	一三	九七・五〇〇	六三一・一八四			
	中山國	一三	九七・四一二	六五八・一九五			
	安平國	一三	九一・四四〇	六五五・一一八			
	河間國	一一	九三・七五四	六三四・四二一			
	清河國	七	一二三・九六四	七六〇・四一八			
	趙國	五	三二・七一九	一八八・三八一			
	勃海郡	八	一三二・三八九	一・一〇六・五〇〇	一〇〇	九〇八・〇〇五	五・九三一・九一九
兗州	陳留郡	一七	一七七・五二九	八六九・四三三			
	東郡	一五	一三六・〇八八	六〇三・三九三			
	東平國	七	七九・〇一二	四四八・二七〇			

刺史部	任城國	三	三六・四四二	一九四・一五六			
	泰山郡	一二	八・九二九	四三七・三一七			
	濟北國	五	四五・六八九	二三五・八九七			
	山陽郡	一〇	一〇九・八九八	六〇六・〇九一			
	濟陰郡	一一	一三三・七一五	六五七・五五四	八〇	七二七・三〇二	四・〇五二・一一一
徐州刺史部	東海郡	一三	一四八・七八四	七〇六・四一六			
	琅邪國	一三	二〇・八〇四	五七〇・九六七			
	彭城國	八	八六・一七〇	四九三・〇二七			
	廣陵郡	一一	八三・九〇七	四一〇・一九〇			
	下邳國	一七	一三六・三八九	六一一・〇八三	六二	四七六・〇五四	二・七九一・六八三
青州刺史部	濟南國	一〇	七八・五四四	四五三・三〇八			
	平原郡	九	一五五・五八八	一・〇〇二・六五八			
	樂安國	九	七四・四〇〇	四二四・〇七五			
	北海國	一八	一五八・六四一	八五三・六〇四			
	東萊郡	一三	一〇四・二九七	四八四・三九三			
	齊國	六	六四・四一五	四九一・七六五	六五	六三五・八八五	三・七〇九・八〇三
荆	南陽郡	三七	五二八・五五一	二・四三九・六一八			
	南郡	一七	一六二・五七〇	七四七・六〇四			

州刺史部	江夏郡	一四	五八・四三四	二六五・四六四	一一七	一・三九九・三九四	六・二六五・九五二
	零陵郡	一三	二一二・二八四	一・〇〇一・五七八			
	桂陽郡	一一	一三五・〇二九	五〇一・四〇三			
	武陵郡	一二	四六・六七二	二五〇・九一三			
	長沙郡	一三	二五五・八五四	一・〇五九・三七二			
揚州刺史部	九江郡	一四	八九・四三六	四三二・四二六	九二	一・〇二一・〇九六	四・三三八・五三八
	丹陽郡	一六	一三六・五一八	六三〇・五四五			
	廬江郡	一四	一〇一・三九二	四二四・六八三			
	會稽郡	一四	一二三・〇九〇	四八一・一九六			
	吳郡	一三	一六四・一六四	七〇〇・七八二			
	豫章郡	二一	四〇六・四九六	一・六六八・九〇六			
益州刺史部	漢中郡	九	五七・三四四	二六七・四〇二			
	巴郡	一四	三一〇・六九一	一・〇八六・〇四九			
	廣漢郡	一一	一三九・八六五	五〇九・四三八			
	蜀郡	一一	三〇〇・四五二	一・三五〇・四七六			
	犍爲郡	九	一三七・七一三	四一一・三七八			
	牂柯郡	一六	三一・五二三	二六七・二五三			
	越巂郡	一四	一三〇・一二〇	六二二・四一八			

史部	益州郡	一七	二九•〇三六	一一〇•八〇二			
	永昌郡	八	二三一•八九七	一•八九七•三四四			
	廣漢屬國	三	三七•一一〇	二〇五•六五二			
	蜀郡屬國	四	一一一•五六八	四七五•六二九			
	犍爲屬國	二	七•九三八	三七•一八七	一一八	一•五二五•二五七	七•二四一•〇二八
涼州刺史部	隴西郡	一一	五•六二八	二九•六三七			
	漢陽郡	一三	二七•四二三	一三〇•一三八			
	武都郡	七	二〇•一〇二	八一•七二八			
	金城郡	一〇	三•八五八	一八•九四七			
	安定郡	八	六•〇九四	二九•〇六〇			
	北地郡	六	三•一二二	一八•六三七			
	武威郡	一四	一〇•〇四二	三四•二二六			
	張掖郡	八	六•五五二	二六•〇四〇			
	酒泉郡	九	一二•〇七六				
	敦煌郡	六	七四八	二九•一七〇			
	張掖屬國	五	四•六五六	一六•九五二			
	張掖居延屬國	一	一•五六〇	四•七三二	九八	一〇一•八六二	四一九•二六七

并州刺史部	上黨郡	一三	二六・二二二	一二七・四〇三			
	太原郡	一六	三〇・九〇二	二〇〇・一二四			
	上郡	一〇	五・一六九	二八・五九九			
	西河郡	一三	五・六九八	二〇・八三八			
	五原郡	一〇	四・六六七	二二・九五七			
	雲中郡	一一	五・三五一	二六・四三〇			
	定襄郡	五	三・一五三	一三・五七一			
	鴈門郡	一四	三一・八六二	二四九・〇〇〇			
	朔方郡	六	一・九八七	七・八四三	九八	一一五・〇一一	六九六・七六五
幽州刺史部	涿郡	七	一〇二・二一八	六三三・七二四			
	廣陽郡	五	四四・五五〇	二八〇・六〇〇			
	代郡	一一	二〇・一二三	一二六・一八八			
	上谷郡	八	一〇・三五二	五一・二〇四			
	漁陽郡	九	六八・四五六	四三五・七四〇			
	右北平郡	四	九・一七〇	五三・四七五			
	遼西郡	五	一四・一五〇	八一・七一四			
	遼東郡	一一	六四・一五八	八一・七一四			
	玄菟郡	六	一・五九四	四三・一六三			
	樂浪郡	一八	六一・四九二	二五七・〇五〇			

遼東屬國	六			九〇	三九六・二六三	二・〇四四・五七二
交州刺史部 南海郡	七	七一・四七七	二五〇・二八二			
蒼梧郡	一一	一一一・三九五	四六六・九七五			
鬱林郡	一一					
合浦郡	五	二三・一二一	八六・六一七			
交趾郡	一二					
九眞郡	五	四六・五一三	二〇九・八九四			
日南郡	五	一八・二六三	一〇〇・六七六	五六	二七〇・七六九	一・一一四・四四四
總計	部一三	縣一・一八二		戶九・三三六・〇三六		口四七・九〇一・三八二

乙

部名	縣數	戶數	口數	縣平均數 戶	縣平均數 口
司隸校尉部	一〇六	六一六・三五五	三・一一六・一六一	五・八一五	二九・三九八
豫州刺史部	九九	一・一四二・七八三	六・一七九・一三九	一一・五四三	六二・四一六
冀州刺史部	一〇〇	九〇八・〇〇五	五・九三一・九一九	九・〇八〇	五九・三一九
兗州刺史部	八〇	七二七・三〇二	四・〇五二・一一一	九・〇九一	五〇・六五一
徐州刺史部	六二	四七六・〇五四	二・七九一・六八三	七・六七八	四五・〇二七
青州刺史部	六五	六三五・八八五	三・七〇九・八〇三	九・七八三	五七・〇七四

荊州刺史部	一一七	一•三九九•三九四	六•二六五•九五二	一一•九六一	五三•五五五
揚州刺史部	九二	一•○二一•○九六	四•三三八•五三八	一一•○九九	四七•一五八
益州刺史部	一一八	一•五二五•二五七	七•二四一•○二八	一二•九二六	六一•三六五
涼州刺史部	九八	一○一•八六二	四一九•二六七	一•○三九	四•二七四
幷州刺史部	九八	一一五•○一一	六九六•七六五	一•一七四	七•一一○
幽州刺史部	九○	三九六•二六三	二•○四四•五七二	四•四○三	二二•七一七
交州刺史部	五六	二七○•七六九	一•一一四•四四四	四•八三五	一九•九○一
總計	一•一八一	九•三三六•○三六	四七•九○一•三八二	七•九○五	四○•五六○

禹貢，職方，史記貨殖列傳所記物產比較表

孫媛貞

禹貢，職方與史記貨殖列傳，都是中國最早的系統地記載各地產物的文字。禹貢把貢作爲主題，當然對于物產記載得很詳細。職方除穀畜外，比較簡略些。貨殖列傳是三者中最後出的作品，對於物類的敘述最爲詳悉，在空間上所涉的範圍也最廣。不過它的體裁和上兩篇不同。禹貢職方是簡單而整齊的，貨殖傳是繁重而參差的。所以要把這三篇所記的物產作整個的比較時，就有種種難題發生，最大的困難就是在地域上沒有共同的單位。現在爲便利起見，就把禹貢的九州作爲基本單位，另加上職方的幷，幽二州，和貨殖傳的交州。依據這十二個單位來比較禹貢，職方，貨殖傳的物產，得表二如下：

(1)禹貢，職方，貨殖列傳所記各地物產一覽表

(2)禹貢，職方，貨殖列傳所記各項物產產地比較表

物類	書別 \ 地別	冀	幷	幽	兗	青	徐	豫
動物	禹貢	皮服			蠶絲 織文	蠶絲 海物 畜牧 檿絲	翟 蠙珠 魚 玄纖縞	纖纊
	職方	牛羊	五擾	魚	魚 六擾	魚 雞 狗		蠶絲 六擾
	貨殖傳	牛羊馬旃裘筋角魚蠶	畜牧 蠶絲	魚	蠶絲 六畜	魚 帛		
植物	禹貢				漆	絺 枲 松	桐	漆枲絺紵
	職方	松柏黍稷	布帛 五穀	三穀	蒲 四穀	蒲 稻 麥		林漆枲五穀果
	貨殖傳	棗栗	棗 栗		漆 文綵	布 五穀 桑麻 萩		漆 穀物
礦物	禹貢					鹽 鉛 怪石	五色土 磬	磬
	職方			鹽				
	貨殖傳	銅鐵鹽	銅 鐵	鹽		鹽 鐵		鐵

物類	書別 \ 地別	揚	荊	梁	雍	交
動物	禹貢	羽毛齒革	羽毛齒革大龜	熊羆狐狸織皮	織皮	
	職方	鳥獸	鳥獸齒革		牛馬	
	貨殖傳	皮革鮑魚蠃蛤	皮革魚蠃蛤	馬旄牛	畜牧旄	犀齒革瑇瑁珠璣
植物	禹貢	篠簜橘柚	杶幹栝柏箘簵楛菁茅			
	職方	竹箭稻	稻		黍稷	
	貨殖傳	竹木稻	竹木橘柟梓薑桂	巵薑桂竹木橘	五穀竹纑栗	果布
礦物	禹貢	金三品 瑤琨	金三品 礪砥砮丹	鐵銀鏤砮磬璆	球琳 琅玕	
	職方	金錫	銀 丹		玉石	
	貨殖傳	黃金銅鹽	金錫連 丹沙	銅鐵石丹沙	玉石	

物類	書別	冀	并	幽	兗	青	徐	豫	揚	荊	梁	雍	交
絲	甲（禹貢）				○	○							
	乙（職方）							○					
	丙（貨殖）	○	○	○	○	○	○						
麻	甲					○		○					
	乙							○					
	丙				○	○	○					○	
布帛	甲				○	○	○	○					
	乙		○										
	丙				○	○							○
鹽	甲					○							
	乙			○									
	丙	○	○	○	○	○	○		○				
鐵	甲										○		
	丙	○	○	○		○		○			○		
銅	甲								○	○			
	丙	○	○	○					○		○		
魚	甲					○	○						
	乙			○	○	○							
	丙	○	○	○	○	○	○		○				
竹	甲								○	○			
	乙								○				
	丙								○	○	○	○	
漆	甲				○			○					
	乙							○					
	丙					○		○					
畜類	甲					○							
	乙	○	○		○	○	○	○				○	
	丙	○	○	○	○	○	○				○	○	
玉石	甲					○	○		○	○	○	○	
	乙											○	
	丙										○	○	

略論上述三書所記各特產向

張公量

禹貢，職方，貨殖傳皆記各地物產，其詳略異同亦有可言。

自其同者觀之：魚鹽一也，其富於沿海之區，於貨殖則燕，山東，齊；於禹貢則青，兗；於職方則青，兗，幽。玉石二也，貨殖，『山西饒玉石』；禹貢，雍州『球琳，琅玕』；職方雍州『其利玉石』。金丹齒革三也，貨殖之江南出之，禹貢職方之荆，揚有之。紵麻漆絲四也，貨殖之山東，青，鄒魯，禹貢職方之兗，青，豫，其產也。

自其異者觀之，職方僅具常產，若松，柏，牛，羊，鳥，獸，雞，狗，布，帛之屬，且甚省略。禹貢則詳列奇珍，爲職方貨殖所不備，在揚如瑤，瑻，篠，簜，橘，柚，在荆如杶，幹，栝，礪，砥，砮，箘，簵，楛，玄纁，璣組，大龜，在豫如枲，絺，纖，纊，在青如鉛，檿絲，在雍如球，琳，琅玕，在徐如夏狄，孤桐，浮磬，蠙珠，在梁如璆，鏤，砮，熊，羆，狐，狸。亦有爲貨殖所獨載者，燕棗，巴蜀巵薑，山西纑旄，江南瑇瑁，珠璣，連，犀是也。牛羊犬馬固不見於禹貢，惟毛革具於揚州，有跡可循，而穀粟則誠闕焉者。

蓋禹貢作者最稱淵博，太史公周覽名山大川，作實地之考察，恐猶不及。至於職方之作，殆出淺薄人之手，窗下構思，無參無驗者矣。

自禹貢至兩漢對於異民族之觀念

袁鍾姒

黃河流域爲漢族文化策源地，且較其他民族開化爲早，文明益高，對於異族愈爲歧視，自稱曰華夏，據說文「夏，中國之人也」，蓋惟中州之人得稱曰夏，而以蠻夷戎狄名諸異族，非視爲犬種，即視爲蛇後，不以人類齒之也。顧此種觀念，三代之典籍無徵，乃確立於兩漢。偏檢禹貢，其於戎夷之稱，亦僅以區名異族。禹貢雖非出自虞夏，然亦不能作自周末戰國以後。綜其所記，涉及異族者，計：

(一)「夷」七見　冀州云「島夷皮服」。揚州云「島夷卉服」。青州云「嵎夷既略」。徐州云「萊夷作牧」；「淮夷蠙珠曁魚」。梁州云「和夷厎績」。要服云「三百里夷」。

(二)「戎」一見　雍州云「西戎即叙」。

(三)「蠻」一見　荒服云「三百里蠻」。

按「狄」不見於禹貢，其雍州謂「織皮，崑崙，析支，渠搜，西戎即叙」者，以崑崙，析支，渠搜，本皆山名，而因以爲國號，三國皆貢織皮，故以「織皮」冠之；皆西方戎落，故以「西戎」總之。是禹貢之「西戎」指西方土人而言也。又禹貢之蠻，似爲外族之通稱，故五服之中，四方皆有之，非專指某地之人。至若冀州有「島夷」，而揚州又稱「島夷」，青州之「嵎夷」，「萊夷」，梁州之「和夷」，徐州之「淮夷」，概以地名爲稱，夷亦泛言異族耳。此其對於異族觀念甚昭昭者也。

攷職方，爾疋，雖有蠻夷戎狄之稱，而無分配四方之明文。(夏官職方氏「辨其邦國都鄙，四夷，八蠻，七閩，九貉，五戎，六狄之人民」。爾疋釋地「九夷，八蠻，六戎，五狄，謂之四海」。)職方之「四八七九五六」與爾疋之「九八六五」不同，別一問題，姑不具論；然二者之未指方向則一也。夫「蠻夷戎狄」四者，散文亦通，故秋官「蠻閩夷貉四隸」，司隸通謂之「四翟之隸」，翟與狄同，師氏又謂之「四夷之隸」，其證也。然則禹貢，職方，爾疋之未別方向，亦同此意歟？

王制云，「東方曰夷，被髮文身，有不火食者矣。南方曰蠻，雕題交趾，有不火食者矣。西方曰戎，被髮衣皮，有不粒食者矣。北方曰狄，衣羽毛穴居，有不粒食者矣」。大戴記千乘篇，「東辟之民曰夷，精以僥。南辟之民曰蠻，信以朴。西辟之民曰戎，勁以剛。北辟之民曰狄，肥以戾」。白虎通禮樂篇，「東方爲九夷。南方爲八蠻。西方爲六戎。北方爲五狄」。鄭注職方云「東方曰夷。南方曰蠻。西方曰戎。北方曰貉狄」。詩小疋采薇「玁狁之故」，傳，「玁狁，北狄也」。此皆以夷蠻戎狄嚴整分配四方者也。

按王制，漢文帝博士師所作，大戴爲西漢戴德所錄，詩傳出于西漢毛公，而班鄭均東漢之人，故知蠻夷戎狄之分配四方約始於兩漢之世。又說文虫部云「蠻，南蠻，蛇種」。犬部云「狄，北狄，本犬種」。豸部云「貉，北方豸種也」。大部云「夷，平也，東方之人也」。許氏區別，益爲明顯。後世對于夷蠻戎狄之分配四方，沿兩漢舊說而不改，而古義晦矣！

校後

顧頡剛

本期是譚其驤先生編的，排好之後，纔知道篇幅不夠，由我臨時補上三篇。因為是補的，所以前後次序有些不適合的地方，請大家原諒！

這兩期中，都有戶口統計表，我覺的這是很有希望的一件工作，我們應該準備把二十四史裏的人口記載都這樣的整理一下。但尤其重要的是在這數字上指出其社會現象和尋求這些現象的原因。例如在西漢的數字上，可知人口在二百萬以上的有三個郡：汝南（二五九萬），潁川（二二一萬）和沛（二〇三萬）；在一百五十萬以上的有五個郡：南陽（一九四萬），河南（一七四萬），東（一六五萬），東海（一五五萬），陳留（一五〇萬）。這些地方的人口密度遠超於三輔（京兆尹僅六八萬，右扶風僅八三萬，左馮翊最多，也不過九一萬），這是我們平常所沒有感到的事實。而且還有一個奇特的現象，就是這些郡多數在淮水流域，足徵文化已漸漸南遷，由河而淮，由淮而江，是一種自然的趨勢，我們不能把五胡亂華作為開發南方的惟一原因。

到了東漢，有一個最顯著的現象，就是：北方人口大減而南方則大增。人口最多的汝南幾減去五十萬，潁川幾減去八十萬，沛郡甚至于減少一百七十萬。就是建都的河南尹，也比西漢減了七十二萬。可憐的涼州部，隴西本來不過二十三萬，現在只賸兩萬九千了；安定本來不過十四萬，現在也賸兩萬九千了。但尤其可憐的是幷州部，上郡本有六十萬，現在只賸兩萬八千了；西河本來有六十九萬，現在只賸兩萬人了。這是多麼傷心的事！

可是回過頭來看南方，便覺得正在欣欣向榮。九江和桂陽郡是一加三十四萬，巴郡一加就是三十七萬，南陽一加就是四十九萬，長沙一加就是八十二萬，零陵一加就是八十六萬。尤其了不得的，豫章本來是三十五萬，現在竟有一百六十萬了。更了不得的，益州郡本來是五十八萬，而現則從它分出的永昌郡已有一百八十九萬了。從這種地方看來，可見魏，蜀，吳三國的分立自有其必然性，『雖曰人事，豈非天命哉！』

上面說的，不過略略指出其現象。至於所以發生此現象的原因，我也不敢斷然的說出來。我很希望有人能專力從事於此，將來給我們一個滿意的解釋。

王育伊先生已做了『漢書地理志與續漢書郡國志戶口比較表』了。惟因這表太大，不能登入本刊，只得另付石印。我上面的話，就是看了他的比較表寫的，順此道謝。

再有一件事要附帶提議的，是兩漢書因版本不同而數字有異，我們應當再做一個戶口數的校勘記。

二十三，三，二十六。

地學雜誌

編輯及發行者　北平北海公園團城內中國地學會

定價　每年兩冊每冊大洋六角特號另計

創辦年月　民國紀元前二年已出一百七十二期

民國二十一年第一期

四川遊記(續完)　翁文灝
鴨江行部志地理考(附鴨江行部志跋及金曷蘇館路考)　朱希祖
爪哇—低緯農業之研究　黃國璋
邊疆失地史畧　白眉初
重遊泰山記(續完)　傅振倫
軍事地理學發凡　忻啓三
中國之生物地理(附圖)　蔡源明譯
中國土耳其斯坦地下的寶藏(續)　陶謙譯
中國地方志綜錄初稿　朱士嘉
頭學鼻學指數檢查表　丁潄　金舞侯

民國二十二年第一期

洛陽與長安　白眉初
燕下都遺跡考　傅振倫
明代北方邊防圖籍錄　王以中
中國地形淺說(附圖)(續完)　李長傅
軍事地理學發凡(續完)　忻啓三
山西地理考查(續)　許桂馨
民國十七年以後省縣之增設及改革　曉衡
中國土耳其斯坦地下的寶藏(續)　陶謙譯
中國地方志綜錄初稿(續)　朱士嘉

民國二十一年第二期

四川遊記(續完)　翁文灝
邊疆失地史畧(續)　白眉初
爪哇—低緯農業之研究(續完)　黃國璋
中國地形淺說(附圖)　李長傅
中華古代文化之發展及其地理背景　張印堂
亞洲的地體構造和地勢配置　王鈞衡
山地經濟的限度　楊夢華譯
中國土耳其斯坦地下的寶藏(續)　陶謙譯
中國地方志綜錄初稿(續)　朱士嘉
山西地理考察　許桂馨

民國二十二年第二期

泗陽張沖谷居士年譜　張星烺
漢百三郡國建置之始考　譚其驤
明代北方邊防圖籍攷(續完)　王以中
燕下都遺跡考(續完)　傅振倫
山西地理考察(續完)　許桂馨
福州經濟地理述略　林觀得
洛陽與長安(續完)　白眉初
中華古代文化之發展及其地理背景(續完)　張印堂
中國土耳其斯坦地下的寶藏(續)　陶謙譯
古代歐亞大陸交通考　姚薇元譯
民十七年以來中國縣名更歲表　葛啓揚
一百六十九期地學雜誌總目　聶崇岐

方志月刊

宗旨　(1)詳究天時地利人和三律　(2)論述世界各國最近形勢

編輯者　張其昀

出版者　中國人地學會

經售者　南京蓁巷鍾山書局

定價　每期二角　全年二元二角

第六卷第十一期目錄

中國氣流之運行　竺可楨
青海遊記　徐希期
繪圖學(四)　饒美亞著　李旭旦譯
中國氣象事業之現狀　宋炳海
張相文先生之著作
黃河的警告　翁文灝
甘肅甘谷縣　楊居敬
中華郵政輿圖(新刊介紹)

第七卷第一期目錄

江寧地志大綱　胡煥庸　王維屏
論氣候學文獻　美國華德著　楊昌業譯
颱風小記　日本新村出著　周立三譯
鳳城一日記　張其昀
鎮江雜記　柳定生
調查十萬大山記要　温大明
水道圖誌(新刊介紹)

第六卷第十二期目錄

東壩考察記　胡煥庸　任美鍔　李旭旦
濟南青島及沿途概況　郭秀敏
地球誕生論　張鈺哲
南京雨花台砂礫岩及其地文意義　謝家榮著　林蓮夫譯
太平洋之地理環境(二)　澳洲伍特著　徐近之譯
李希霍芬與中國之地質工作　翁文灝
朝鮮慶尚南道　韓再洙
海南島志(新刊介紹)

第七卷第二期目錄

古今方輿書目　顧祖禹遺稿
讀『中國分省新圖』後　忻啓三
唐宋時代莊園之組織及其與聚落之關係　加藤繁著　張其春譯
內蒙古之地形及地質構造概要　張席禔
巂南邊地問題研究(新刊介紹)
全國鐵道之最近調查(統計資料)

出版者：禹貢學會。
編輯者：顧頡剛，譚其驤。
出版日期：每月一日，十六日。
發行所：北平成府蔣家胡同三號禹貢學會。

禹貢

半月刊

價目：每期零售洋壹角。豫定半年十二期，洋壹圓；全年二十四期，洋貳圓。郵費加一成半。國外全年加郵費八角。

The Evolution of Chinese Geography

Semi-monthly Magazine

Vol. I No. 4 April 16th 1934

Address: 3 Chiang-Chia Hutung, Cheng-Fu, Peiping, China

第一卷 第四期

民國二十三年四月十六日出版

代售處
北平北京大學史學系王樹民先生
北平燕京大學哈佛燕京社
北平燕京大學史學系李子魁先生
北平輔仁大學史學系史念海先生
北平清華大學史學系吳春晗先生
北平師範大學國文系羅根澤先生
北平女子文理學院侯堮先生
天津河北女子師範學院史學系班書閣先生
青島山東大學丁山先生
濟南齊魯大學史學系張立志先生
開封河南大學史學系楊鴻烈先生
南京中央大學史學系謝國楨先生
上海暨南大學江應樑先生
杭州之江學院顧敦鍒先生
安慶安徽大學周予同先生
武昌武漢大學史學系吳其昌先生
成都四川大學文學院劉以壿先生
厦門厦門大學史學系鄭德坤先生
廣州中山大學文史研究所羅香林先生
廣州嶺南大學容肇祖先生
廣州協和神學院李鏡池先生
河北還化初級中學趙巨川先生
北平北平圖書館王以中先生
杭州浙江圖書館夏廷域先生
蘇州江蘇第二圖書館陳源遠先生
北平景山東街十七號景山書社
北平景山大石作大學出版社
北平西單商場大學出版社營業部
北平和平門外大街文化學社
北平東安市場岐山書社
北平西單商場增華書社
北平琉璃廠松筠閣書舖
北平成府競進分社
天津法租界二十六號路佩文齋
開封新書業街龍文書莊
濟南西門大街東方書社
南京中央大學門前鍾山書局
上海五馬路亞東圖書館
重慶天主堂街重慶書店

本刊業已遵章呈請登記

說丘

顧頡剛

一　『九丘』

從古代的地名上可以見出古人的地理觀念，如州，里，丘，陵，都，邑，都是。現在就先從『丘』說起。

左傳昭十二年，記楚靈王狩于州來，使蕩侯等帥師圍徐以懼吳，自己停在乾谿以爲後援。靈王靠着自己的武力，驕傲得很，嗜吹了一頓；右尹子革只管將順他。那時有人私下責問子革，『你爲什麼不加匡救呢！』他答道，『你等着罷！』一忽兒，王出來，恰巧左史倚相趨過，王指了他向子革道：

是良史也，子善視之！是能讀三墳，五典，八索，九丘。

子革道，『他不算什麼！我曾問他祈招之詩，他答不出呢！（祈招之詩是祭公謀父爲了周穆王欲肆其心，要使天下都有自己的車轍馬跡而作的）』。靈王問他，『你背得出嗎？』子革就背了出來，慚愧得靈王幾天沒有吃飯睡覺。

在這一段故事裏，出來了一個『九丘』之名，與三墳，五典並列。杜預注云，『皆古書名』，說得浮泛得很。賈逵注云：

九丘，九州亡國之戒。（左傳疏引）

他所以這樣說，李貽德在左傳賈服注輯述（卷十六）裏替他作了一個說明：

『九』是九州之數。九州者，禹貢之九州冀，兗，青，徐，揚，荆，豫，梁，雍也。知爲亡國之戒者，楚詞哀郢『曾不知夏之爲丘兮』注，『丘，墟也』，是亡國者爲丘墟矣。

由我想來，賈逵這話恐怕是受了揚雄十二州箴的影響來的。總之，無論是否亡國之戒，九丘與九州必有關係。

這不僅是賈逵個人的設想如此，馬融也說：

九丘，九州之數也。（左傳疏引）

劉熙的釋名也說：

九丘：丘，區也，別九州之土氣教化所宜施者也。（釋典藝）

僞孔安國的尚書序也說：

九州之志謂之九丘：丘，聚也，言九州所有，土地所生，風氣所宜，皆聚此書也。

照他們的話，九丘簡直是禹貢和職方的放大本。因此，孔穎達的疏說：

別而言之，土地所生，若禹貢之厥貢厥篚也；風氣所宜，若職方其畜若干，其民若干男若干女是也。

九丘即九州之志，就這樣地決定了。但『丘』本是土高之名，只有小地名是用它的，爲什麽九州之志要用它來作代表呢？

還有一個問題，就是左傳中這段文字是不見於史記的。左傳這部書，在司馬遷時叫什麽名字是另一問題，但司馬遷是一定看見過的，史記裏引它的文字不知有多少。楚靈王次于乾谿以及向子革誇口的一段話，史記楚世家裏全有，單單靈王誇奬倚相及子革微詞託諷的話則一字沒有。在周本紀裏，也沒有祭公謀父諫勸穆王的祈招之詩。這是什麽緣故呢？說是司馬遷刪削罷，在子革是『曲終奏雅』，爲什麽偏把雅的刪掉？而且『三墳，五典，八索，九丘』既是古書，是何等重要的古史材料，他又如何忍心刪削？

說到這兒，又牽涉了今古文問題。我以爲這段文字是劉歆重編左傳時加入的。這裏所謂『三墳，五典』，正和周官外史『掌三皇五帝之書』相映照。所謂『九丘』，正和古文尚書的『帝釐下土，方設居方，別生分類，作……九共九篇』相映照。他在羣書中埋伏了證據，好作左右的掩護。這些古書名，在司馬遷時代還沒有哩！

但我雖不信古時眞有九丘一書，而深信『丘』爲古代地理的重要名詞。劉歆們所以拿這字來代表古地理，確自有其歷史的意義。

二　春秋及左傳中的『丘』

我們現在就從春秋和左傳二書中，看春秋時以丘名地的有多少。固然這一定很不完備，但也未嘗不可看出一個約略。

一，晉地：

1.邢丘（左傳宣六年，『赤狄伐晉，圍懷及邢丘』。又昭五，『晉侯送女於邢丘，子產相鄭伯會晉侯于邢丘』。）

2.苕丘（經成十六年，『晉人執季孫行父，舍之于苕丘』。按公羊經作『招丘』。）

3.瓠丘（傳襄元，『晉以宋五大夫在彭城者歸，寘諸瓠丘』。）

4.英丘（傳哀二十三，『齊人取我英丘。君命瑤……治英丘也』。）

二，衞地：

1.犬丘（傳隱八，『宋公……衞侯……遇于犬丘』。經作『垂』。）

2.桃丘（經桓十，『公會衞侯于桃丘』）。

3.楚丘（傳閔二，『封衞于楚丘』。又經僖二，『城楚丘』。）

4.帝丘（經僖三十一，『衞遷于帝丘』。又傳昭十七，『衞，顓頊之虛也，故爲帝丘』。）

5.清丘（經宣十一，『晉人宋人衞人……同盟于清丘』。）

6.平丘（經昭十三，『公會劉子晉侯……于平丘』）。

三，齊地：

1.葵丘（傳莊八，『齊侯使連稱管至父戍葵丘』。）

2.貝丘（傳莊八，『齊侯……遂田于貝丘』。）

3.牡丘（經僖十五，『公會齊侯宋公……盟于牡丘』。）

4.鄑丘（經文十六，『公子遂及齊侯盟于鄑丘』。按公羊經作『犀丘』，穀梁經作『師丘』。）

5.句瀆之丘（傳襄十九，『執公子牙于句瀆之丘』。又襄二十一，『執公子買于句瀆之丘』。又襄二十八，『買在句瀆之丘』。）

6.重丘（經襄二十五，『諸侯同盟于重丘』。又傳襄二十八，『重丘之盟未可忘也』。）

7.廩丘（傳襄二十六，『齊烏餘以廩丘奔晉』。又宣八，『公使齊，攻廩丘之郛』。又哀二十，『會于廩丘』。又哀二十四，『臧石帥師會之，取廩丘』。）

8.渠丘（傳昭十一，『齊渠丘實殺無知』。）

9.豐丘（傳哀十四，『豐丘人執之以告』。）

10.犂丘（傳哀二十三，『戰于犂丘，齊師敗績』。）

四，莒地：

1.渠丘（傳成八，『申公巫臣如吳，假道于莒，與渠丘公立于池上』。又成九，『楚子重自陳伐莒，圍渠丘』。）

五，魯地：

1.中丘（經隱七，『城中丘』。又隱十，『公會齊侯鄭伯于中丘』。）

2.祝丘（經桓五，『城祝丘』。又莊四，『夫人姜氏享齊侯于祝丘』。）

3.咸丘（經桓七，『焚咸丘』。）

4.乘丘（經莊十，『公敗宋師于乘丘』。）

5.戾丘（傳文十五，『一人門于戾丘』。）

6.巢丘（傳成二，『齊侯伐我北鄙，……取龍。遂南侵，及巢丘』。）

7.泉丘（傳昭十二，『泉丘人有女，……奔僖子』。）

六，邾地：

1.於餘丘（經莊二，『公子慶父帥師伐於餘丘』。按杜注謂是國名，公穀則俱謂邾地。）

2.虛丘（傳僖元，『虛丘之戍將歸者』。）

3.閭丘（經襄二十一，『邾庶其以漆閭丘來奔』。）

七，曹地：

1.重丘（傳襄十七，『衞孫蒯田于曹隧，飲馬于重丘』。）

2.黍丘（傳哀七，『築五邑于其郊，曰黍丘，揖丘……』。）

3.揖丘（見上。）

八，宋地：

1. 楚丘（經隱七，『戎伐凡伯于楚丘』。又傳襄十，『宋公享晉侯于楚丘，請以桑林』。）

2. 穀丘（一作『句瀆之丘』。經桓十二，『公會宋公燕人盟于穀丘』，傳作『公及宋公盟于句瀆之丘』，『穀』蓋『句瀆』之合音也。）

3. 梁丘（經莊三十二，『宋公齊侯遇于梁丘』。）

4. 葵丘（經僖九，『公會宰周公，齊侯，宋子……于葵丘』。又『九月戊辰，諸侯盟于葵丘』。）

5. 長丘（傳文十一，『宋武公……敗狄于長丘』。）

6. 幽丘（傳成十八，『鄭伯……會楚子伐宋，取幽丘』。）

7. 犬丘（傳襄元，『鄭子然侵宋，取犬丘』。）

8. 商丘（傳襄九，『陶唐氏之火正閼伯居商丘』。又昭元，『遷閼伯於商丘，主辰，商人是因』。）

9. 楮丘（傳昭二十一，『與華氏戰于楮丘』。）

10. 老丘（傳定十五，『鄭罕達破宋師于老丘』。）

11. 雍丘（經哀九，『宋皇瑗帥師取鄭師于雍丘』。）

九，鄭地：

1. 桐丘（傳莊二十八，『子元伐鄭，鄭人將奔桐丘』。又哀二十七，『晉荀瑤帥師伐鄭，次於桐丘』。）

2. 頃丘（傳哀十二，『宋鄭之間有隙地焉，曰彌作，頃丘……』。）

十，陳地：

1. 壺丘（傳文九，『楚侵陳，克壺丘』。）

十一，楚地：

1. 陽丘（傳文十六，『楚大饑，戎……伐其東南，至于陽丘』。）

2. 宗丘（傳昭十四，『楚子使然丹簡上國之兵於宗丘』。）

以上所舉，以丘名地的以宋爲最多，得十一；次齊，得十；又次魯，得七；又次衞，得六；又次晉，得四；又次曹與邾，皆得三；又次楚，得二；最少爲莒與陳，皆得一。總共四十八名，宋與齊都超過五分之一。只有渭水流域的秦和江湖間的吳越，一個都沒有。

三　對于上列現象的解釋

看了上面這個表，我們可以淸楚知道，『丘』這個名字是和水患有關係的。當『秋水時至』之時，或『山洪暴發』之日，只有住在高丘上的人能彀免於水患，所以『丘』就給當時人所注意了。晉的南境當黃河的下游；衞則正在河濟兩大流之間；齊當濟水的下游；魯則以濟爲西界，濟水所豬的大野澤在魯境內；邾在魯的南首，與魯有相同的利害；曹在南濟與北濟之間；宋在南濟與睢水之間。這一帶地方正是平原廣野，又兼河濟挾着百川入海，其勢洶湧，又自滎澤以東，觸處豬水成澤，一年一度的水患（也就是水利，因爲它挾着沈澱物俱來，可以作肥料）是不可免的，所以多的是丘了。我們只要翻開楊守敬的春秋列國地圖的南二卷『中』與『西一』來，就可以在這尺幅之中見到多少個丘名。

其實，禹貢中已經透露了這消息。這一帶地方（除晉外）在禹貢中是屬于兗，青，徐，豫四州的。兗州章云：

> 九河既道。雷夏既澤。……桑土既蠶，是降丘宅土。厥土黑墳。

青州章云：

> 厥土白墳，海濱廣斥。

徐州章云：

> 大野既豬，東原底平。厥土赤埴墳。

豫州章云：

> 滎波既豬。導菏澤，被孟豬。厥土惟壤，下土墳壚。

這四州中儘多河的支汊和湖泊，而很少山。（兗豫二州完全沒有山，青僅有岱，徐僅有蒙，羽，嶧等小山。）提到『土』，都有一個『墳』字，這是其它五州所沒有的，大概這就是所謂『丘』吧？至于『桑土既蠶，是降丘宅土』，這說得更明顯了。關于這一句，僞孔傳的解釋是：

> 地高曰丘。大水去，民下丘居平土，就桑蠶。

孔穎達疏是：

> 宜桑之土既得桑養蠶矣；洪水之時，民居丘上，於是得下丘陵，居平土矣。……計下丘居土，諸處皆然，獨於此州言之者，鄭玄云，『此州寡於山而夾川，兩大流之間遭洪水，其民尤困。水害既除，於是下丘居土。以其免於厄尤喜，故記之』。

鄭玄之說很近情理，足以說明河濟兩大流之間所以多『丘』的地名的緣故，也就足以證明把『九丘』代表九州的緣故了。

關于這個問題，還有好些意思要說，只以限于本刊的篇幅，待下次續論吧。

遼金史地理志互校

馮家昇

遼金二史于元至正三年四月開始編修，遼史于四年三月告成，金史于同年十一月畢工，是二史修于同時矣。遼史之總裁官爲帖睦爾達世，賀惟一，張起巖，歐陽玄，呂思誠，揭傒斯等六人；金史增李好文，楊宗瑞，王沂等爲八人（缺呂思誠），是二史不啻出自同手矣。然若試對檢之，則牴觸之處直有不可言者。他且勿論，今先言地理志。

遼史地理志不盡從實錄，有與紀傳相合者，亦有與紀傳不相合而與宋人册籍相合者。蓋有據宋人所撰之契丹疆宇圖，遼四京記，契丹地圖，大遼對境圖，契丹會要等書而編排者。金史地理志，據王惲玉堂嘉話所載王鶚草定之金史綱要，則知地理志有實錄，又以與紀傳互對，衝突者亦少，故金志實較遼志爲佳。

遼志所叙沿革甚詳，而每多誤；金志所叙沿革甚簡，而多得要。遼志上溯自秦漢，金志則止遼，間及五代。金志于遼一代之增損廢置叙述甚詳，故有增補其疏漏者，有校正其謬誤者。

臨潢府下總管府地名西樓，遼爲上京，國初因之 金志

按遼志：『祖州天成軍上節度，本遼右八部世沒里地，太祖秋獵多於此，始置西樓』。

懷州奉陵軍上節度……太祖崩，葬西山曰懷陵 遼志

按金志：『遼懷州，遼太祖祖陵在焉』，誤。考祖州爲祖陵，太祖陵鑿山爲殿曰明殿。太宗所葬係懷陵。

泰州德昌軍 遼志

按金志作『昌德軍』，海陵正隆間置德昌軍。

析木縣，本漢望平縣地，渤海爲花山縣 遼志

按金志，『析木，遼同州廣利軍附郭析木縣也』。

辰州奉國軍節度，本高麗蓋牟城 遼志

按金志，『蓋牟城』作『蓋葛牟城』。

盧州元德軍 遼志

按金志，『元德軍』作『玄德軍』。

興州興中軍節度本漢海宜縣地，渤海置州 遼志

按金志，『遼舊興州興中軍常安縣，遼嘗置定理府刺史於此』，遼志失載。

奉先縣本漢無慮縣 遼志

按金志，『奉先縣』作『奉玄縣』。

瀋州昭德軍中節度〇太宗置興遼軍 遼志

按金志，『興遼軍』作『興遠軍』。

集州懷衆軍 遼志

遼志作『懷遠軍』。

棋州祐聖軍下刺史，本渤海蒙州地，太祖以檀州俘，於此建檀州 遼志

按金志，『棋州』作『祺州』。『太祖以所俘檀州密雲民，建州密雲』。

韓州〇高麗置鄚頡府 遼志

按金志，『鄚頡府』作『鄭頡府』，誤。

尙州鎭遠軍 遼志

按『尙州』，元本作『同州』，是。金志，『銅州，遼同州鎭安軍』。

咸州安東軍下節度〇渤海置銅山郡 遼志

按金志，『銅山郡』作『銅山縣』。

信州彰聖軍〇渤海置懷遠府〇開泰初置州 遼志

按金志，『彰聖軍』作『彰信軍』。『懷遠府』作『懷遠軍』。『開泰初』作『開泰七年』。

復州懷德軍 遼志

金志，『懷德軍』作『懷遠軍』。

利州〇統和二十六年置 遼志

金志作『十六年』。

北安州興化軍〇統縣一，利民縣 遼志

按金志，興州，本遼北安州興化軍興化縣。承安五年陞爲興州，領興化宜二縣。興化爲倚郭，遼舊縣。又有利民縣，承安五年，以利民寨升，泰和四年廢。蓋遼之北安州有興化縣，無利民縣；惟金承安中嘗升利民寨爲縣，未幾廢。作遼志者乃以金置之利民縣爲遼舊，反漏興化，謬甚！

松江州勝安軍 遼志

按金志，『松江州』作『松山州』；遼史聖宗紀亦仝金志。

松江縣 遼志

按金志，『松江縣』作『松山縣』；遼史百官志四亦同金志。

興中府〇重熙十年，升興中府 遼志

金志作『重熙十一年』。

興中縣，本漢柳城縣地 遼志

按金志作『唐柳城縣地』。

川州〇安端子察割以大逆誅，沒入，省曰川州 遼志

按金志作『天祿五年去「白」字』。

建州保靜軍 遼志

按金志，『保靜軍』作『保靖軍』。

隰州平海軍〇統縣一，海陽縣 遼志

按金志作『海濱，遼隰州海平軍故縣』。是遼隰州海平軍下有海濱縣。

潤州海陽軍〇統縣一，海濱縣 遼志

按金志作『海陽，遼潤州海陽軍故縣』。是遼潤州

海陽軍下有海陽縣。

遼志以海陽縣入隰州，以海濱縣入潤州，互倒。

南京析津府○太宗升爲南京，又曰燕京 遼志

按金志，開泰元年號燕京。

府曰幽都，軍號盧龍，開泰元年落軍額 遼志

按金志，『開泰元年，更爲永安析津府』。

宛平縣 遼志

按金志，『遼開泰二年，有玉泉山行宮』。

漷陰村○故漷陰鎮，後改爲縣 遼志

按金志，『遼太平中以漷陰村置』。

薊州尙武軍 遼志

按金志，『尙武軍』作『上武軍』。

灤州○本古黃洛城 遼志

按金志，『洛』作『落』。

天城縣 遼志

按金志作『天城縣』

長青縣，本白登臺地 遼志

按金志，『長青縣』作『長淸縣』。

懷仁縣○遼改懷仁 遼志

按金志，『遼析雲中置』。

懷安縣 遼志

按金志，『晉故縣名』。

順聖縣○高勳鎮幽州，奏景宗分永興縣置 遼志

按金志，『遼應歷中置』，是穆宗時置；遼志作景宗。攷高勳傳云，『應歷初，封趙王，出爲上京留守，尋移南京。會宋欲城益津，勳上書請假巡徼以擾之，帝然其奏，宋遂不果城』。則高勳鎮幽州當穆宗之世。十七年，宋略地益津關，勳擊敗之；景宗初卽位，進王秦；保寧中，以故被誅。疑當作『穆宗應歷中置』。

德州下刺史 遼志

金志，『宣寧，遼德州昭聖軍』。

豐州天德軍節度使○太祖神册五年攻下，更軍名應天，復爲州 遼志

金志，『豐州下天德軍節度使，遼嘗更軍名應天，尋復』。遼志未云復軍名天德，是疏漏。

寧人縣 遼志

金志作『寧仁縣』。

龍門縣 遼志

金志作『龍門，晉舊縣』。

望雲縣，本望雲川地。遼志

金志，『望雲川』作『雲川』。

廣陵縣 遼志

金志，廣靈，亦作陵，遼統和三年析雲中置。

又按金志『撫州下鎮寧軍節度使，遼秦國大長公主建爲州』，今攷遼志無此州。『霸州下刺史，遼益津郡，隸河北東路』，考遼志南京道亦無霸州。遼史紀傳中無刺此州者，恐係宋地而金志誤書爲遼耳。

明遼東「衛」「都衛」「都司」建置年代考略

張維華

初，明平定海內，於邊疆要害建置衛所，而於衛所之上統以都司（此爲都指揮使司之簡稱），蓋爲備邊固疆計也。然邊地都司之設，非爲初立之制，而其先尙有衛與都衛之制。明史兵志二衛所篇（卷九十）云：

> 天下初定，度要害地，係一郡者設所，連郡者設衛，大率五千六百人爲衛，千一百二十八人爲千戶所，百十有二人爲百戶所，所設總旗二，小旗十，大小聯比以成軍。……洪武三年，陞杭州，江西，燕山，青州四衛爲都衛，復置河南，西安，太原，武昌四都衛。

又云：

> 八年（洪武），改在京留守都衛爲留守衛指揮使司，在外都衛爲都指揮使司，凡十三：北平，陝西，山西，浙江，江西，山東，四川，福建，湖廣，廣東，廣西，遼東，河南。又行都指揮使司二：甘州，大同，俱隸大都督府。

是知衛之建置先於都衛，而都衛之建置又先於都司也。明於遼東全境，除洪武間曾置府縣，及永樂七年復安樂自在二州外（明史地理志（卷四十一）稱洪武八年改置遼東都指揮使司，領衛二十五，州二。二十年，府縣俱罷，是知洪武廿年後，遼東悉置衛所。又稱永樂七年置自在安樂二州，則知此二州之置爲復洪武八年舊制，此外則悉爲衛所），餘均分建衛所，隸遼東都司。按遼東都司之置，兵志言在洪武八年，地理志亦同此說，似遼東都司之置爲洪武八年事，可無疑義。然明史葉旺傳（卷一百三十四）則有異辭，云：

> 葉旺，六安人，與合肥人馬雲，同隸長鎗軍。……洪武四年，偕鎮遼東。初，元主北走，其遼陽行省參政劉益屯蓋州，與平章高家奴相爲聲援，保金復等州。帝遣斷事黃儔齎詔諭益，益籍所部兵馬錢糧

輿地之數來歸，乃立遼陽指揮使司，以益為指揮同知。未幾，元平章洪保保馬彥翬合謀殺益，右丞張良佐，左丞商（房）暠擒彥翬殺之。保保挾儁走納哈出營。良佐因權衞事，以狀聞。且言遼東僻處海隅，肘腋皆敵境，平章高家奴守遼陽山寨，知院哈喇章屯瀋陽古城，開元則右丞也先不花，金山則太尉納哈出，彼此相依，時謀入犯。今保保逃往，釁必起，乞留斷事吳立鎮撫軍民，而以所擒平章八丹，知院僧儒等械送京師。帝命良佐暠俱為蓋州衞指揮僉事。既念遼陽重地，復設都指揮使司，統轄諸衞，以旺及雲並為都指揮使，往鎮之。

是言遼東都司之設為洪武四年事也。然傳會實有錯誤，未可即以為據。考葉旺馬雲出鎮遼東，方孔炤全邊略記遼東略（卷十）亦載其事，然與設立都司之事則極有別。略記云：

四年（洪武），劉益既降，授官未幾，故元平章供（洪）保保馬彥翬共謀殺益，其右丞張良佐房暠擒彥翬殺之，保保走故元吶哈出（即納哈出）營，遼東之衆因推良佐等權衞事。良佐遣使械送殺益逆黨平章入册（八丹）知院僧兒（僧儒）等至京，且言肘腋之間皆為敵境，乞留朝延（廷）所遣斷事吳立撫之。上以立與良佐暠俱為遼東指揮。既而吶哈出據金山，擾邊為患，木衞乞益兵。及遣黃儔以書諭吶哈出，被拘不還，於是大（？）為保禦計，乃置都衞，以馬雲葉旺為都指揮，總轄遼東。

則此言洪武四年所建為都衞之制，非都司也。又譚希思明大政纂要亦言遼東都司之設在洪武四年，其誌洪武四年二月事云：

劉益獻遼東地圖奉表降：益，元遼陽行省平章也，以遼東州郡地圖並籍兵馬錢糧數遣使奉表來降，詔置遼東都司，以益為指揮同知。

按此所言「遼東都司」即「遼東都指揮使司」簡稱，然于事實則不合。纂要于同年七月之文載遼東都衞建置事，夫都司原為都衞之改置，何得先都衞而設？纂要於制度稱謂，用字往往不慎，如七月之文，綱文言「設定遼衞」，而目文則言「乃置都衞」，使讀者於衞與都衞之制易於交混。此所言之「遼東都司」蓋即文字之誤耳。考明史地理志，于京師，山東，山西，河南，陝西，四川，江西，湖廣，浙江，福建，廣東，廣西各篇前小序，均載洪武八年十月改都衞建都司之事，而於山西篇內亦載大同都衞於八年十月改建都司之事，則是洪武八年十月改建都司之事爲當時通則，遼東之改建何能例外？故遼東之置都司，亦以在洪武八年十月爲是。

遼東都衛之制，全邊略記言爲洪武四年所建，其言甚確。明史地理志及李輔全遼志亦同其說。地理志（卷四十一）云：

洪武四年七月，置定遼都衛。

全遼志沿革篇（卷一）云：

洪武四年，置定遼都衛。

又夏燮明通鑑（卷四）載洪武四年七月事云：

置遼東衛指揮使司，以馬雲葉旺爲都指揮使。

按通鑑所言之「遼東衛指揮使司」，即指定遼都衛言，蓋以事之發生及其年代，與全邊略記，明史地理志，全遼志及明大政纂要洪武四年七月之文甚相同耳。惜其作「遼東衛」而不作「定遼都衛」，殊足以亂人耳目。又按定遼都衛之設本由於葉旺馬雲之渡海平遼，而葉旺馬雲之渡海平遼又原於元裔之謀殺劉益，負固遼東。考劉益之降當在洪武三年與四年之間（見後文），而劉益之被殺與夫葉旺等之平遼亦當去此不遠。全遼志宦業志張良佐傳（卷四）云：

六月（洪武四年）納哈出擾邊，請益兵。太祖遣馬雲葉旺總轄遼東。

是知雲旺渡海平遼爲洪武四年六月事，則因平遼所建之都衛必去此不遠，故遼東都衛建於洪武四年七月之說當無大誤。

遼東置都司及都衛之事既明，則建衛之事始自何年乎？全邊略記遼東略（卷十）云：

洪武三年春，故元遼陽行省平章劉益，籍（藉）其軍馬錢糧之數，並遼東州郡地圖，遣使奉表求降。上嘉其誠，遣斷事吳立，持詔往諭，置遼東指揮使司，以益同知指揮事。

按此所置之遼東指揮使司，即爲遼東建衛之始。遼東略又載明太祖諭羣臣之言曰：

昔遼左之地，在元爲富庶，至朕即位之二（？）年，元臣來歸，有勸復立遼陽行省者，朕以其地早寒，土曠人稀，不欲建置勞民，但立衛以兵戍之。

此所言之「元臣來歸」即指劉益奉表求降而言，蓋先無類此事也。然略記所載之年月多不可靠。考劉益之降原爲明人所招服，全遼志藝文志（卷五）載洪武三年詔諭云：

洪武三年，命斷事黃儔齎詔宣諭遼陽等處官民，詔曰：朕承大統，即皇帝位，其年八月，元君大去其國。……今年六月，左副將軍李文忠（忠），副將軍趙庸，遣使來奏，五月十六日率兵至應昌府，獲元君之孫買的里八剌，及其后妃寶册，……天運之去昭然。獨念遼霫一隅，尚多故臣遺老，不能見幾遣使一來，而乃團結孤兵，盤桓鄉土，因循歲月，甚非善後之謀。……茲專遣人以往，果能審識天命，傾心來歸，有官者量才擢用，有業者各安生理。朕不食言，爾宜圖之！

按此詔言在洪武三年，以李文忠下應昌之事證之，其事適合。黃儔使遼即在是年，然在是年何月則未明言。詔內載六月李文忠遣使陳奏事，則知六月前無遣使使遼事，而黃儔使遼定在六月後也。全遼志稱劉益之降在洪武三年春，又或作二年，皆不可據。劉益之降，他書所載多言在洪武四年。明史太祖本紀誌洪武四年事云：

二月，……壬午，……元平章劉益以遼東降。

又全遼志宦業志葉旺傳(卷四)云：

辛亥(洪武四年)，遼東行省平章劉益等奉表歸款，以旺同馬雲署龍虎將軍都指揮，鎮守遼東。

又馬雲傳(卷同上)云：

洪武辛亥(四年)，元劉益歸款，以雲勇敢有謀，署龍虎將軍都指揮，同葉旺領兵渡海。

又前引明大政纂要亦作洪武四年二月。黃儔使遼既在洪武三年六月之後，劉益之奉表求降必後乎此可知。推其時當在三年與四年之間也。其作洪武四年二月者近之。

劉益歸降之年既約略可推，則遼東建衞之年自亦易求。明史地理志山東篇(卷四十一)復州衞條下註云：

西濱海西南有長生島，又南有沙河，合麻河，西注於海。東有得利嬴城，元季土人築；洪武四年二月置遼東衞於此，尋徙。又南有欒古關，西有鹽場，北有鐵場。

是言遼東衞之建於得利嬴城爲洪武四年二月事也。其建置之原因，全遼志宦業志張良佐傳(卷四)云：

洪武四年辛亥，兵屯金州，壘土爲城，與左丞房暠力贊劉益奉表歸附。良佐等率衆悉擒逆黨，撫安軍民，隨以故元勅印拜逆黨，自旅順口遣參政張華等械(械)送京師。事聞，詔諭開設達(遼)東衞于得利嬴城，以斷事吳立，良佐，暠爲指揮僉事，掌遼東衞事。

此言遼東衞之建原於張良佐之擒治元裔，然此亦非最初建衞之事。遼東建衞始于劉益之降，吳立之奉勅招服(見前引全遼略記文)。考時劉益屯守之地爲蓋州，則蓋州建衞似在其先。明史地理志山東篇（卷四十一）蓋州衞條下云：

洪武四年廢，五年六月復置。

既言洪武四年廢，則於四年之先必有建置之說，亦可略證蓋州衞先遼東衞而建置也。

說禹貢州數用九之故

一

禹貢是戰國時代的作品，已成了鐵一般的事實。牠把天下分作九州：（一）冀州，（二）兗州，（三）青州，（四）徐州，（五）揚州，（六）荊州，（七）豫州，（八）梁州，（九）雍州。冀，徐，梁，雍四州，有山有水；其餘五州，除分界外只說川澤。照現在的省區來講，那末：

冀州是在河北，山西，以及河南的北部。

兗州是在山東北部和西部，以及河北的東南部。

青州是在山東東部和中部。

徐州是在山東南部，江蘇，安徽的北部。

揚州是在江蘇，安徽，浙江，江西四省之地。究竟佔多少地方，不知道。

荊州是在湖北，湖南，及四川的東部。

豫州是在河南和湖北。

總之，遼東建衞之制，自蓋州得利嬴城始，而其時則在洪武三年與四年交會之間，都衞之建，以四年七月爲近是。至都司之建，則始自八年十月可斷言也。

張公量

梁州是在陝西的南部，以及四川的中部，北部。

雍州是在陝西和甘肅。

他的劃分法，固不是自然法；政治上的意義，也談不上；究竟怎樣來的呢？這個問題，向來的人，像在教堂裏唸Bible一樣，讀所謂『五經』，腦袋裝滿着聖帝明王，是決不會發生的！最近顧先生纔和同學們提出熱烈的討論。翁獨健兄說是『方位觀念的作用：東，西，南，北，東北，西北，東南，西南，再加上中央』。王樹民兄說是『取數於稱王的九國，而依當時地理知識所及的山川形勢，劃分九州』，因爲孟子有『海內之地，方千里者九』（梁惠王上）的話。楊向奎兄說是『必爲歷史上的傳說』，因爲九牧，九土，九有，諸字樣早見於商頌，左傳，金文之中。顧先生的考證（燕京大學史學年報第五期州與嶽的演變），尤爲精詳。論文都收入尚書研究講義丁種三之二了，用不到重引，現在只述我個人的一種想像。

二

說禹的九分法，最嚴密的莫過於周太子晉諫靈王勿壅穀，洛二水的話：

其後伯禹念前之非度，釐改制量，象物天地，比類百則，儀之于民，而度之于羣生，共之從孫四嶽佐之。高高下下，疏川導滯，鍾水豐物。封崇九山，決汨九川，陂障九澤，豐殖九藪，汨越九原，宅居九隩，合通四海。——周語下

這和禹貢『九州攸同，四隩既宅，九山刊旅，九澤既陂，四海會同』的話顯有血統關係。因為古人以為地是方的，所以環在地外的海，數限於四。其餘，無論如何，都給取上『九』的名字。這樣一來，國家就平定了，禹和嶽的功績可不小，應分受皇天的嘉錫：

故天無伏陰，地無散陽，水無沉氣，火無災燀，神無閒行，民無淫心，時無逆數，物無害生，帥象禹之功，度之于軌儀，莫非嘉績，克厭帝心。皇天嘉之，祚以天下，賜姓曰姒，氏曰有夏，謂其能以嘉祉殷富生物也。祚四嶽國，命以侯伯，賜姓曰姜，氏曰有呂，謂其能為禹股肱心膂以養物豐民人也。

這也和禹貢的『六府孔修，庶土交正。錫土，姓』的話有關。我們讀了這一段神妙莫測的話，別忘了背後的一個九分法喲！山，川，澤，藪，原，隩的生成，都是自然的地理之形。要真的天下有九山，九川，九澤，九藪，九原，九隩，是絕對不可通的。(韋昭云，『凡此諸侯言九者，皆謂九州之中山川澤藪也』，是影響傅會之論，不足盡信。) 顯然，『九』是無甚意義的；汪中說是虛數(釋三九)，實在不錯。不過從周語下及其他用九名物的文字看，總該有一種非意義的意義，我勉強杜撰『神聖的』(Sacred)三字立說，來補充汪中的意見。是否有當，盼學會同人切實指教！

充類至義之盡，我且拿含有『九』的意味的話語，歸納起瞧瞧，到底有若干消息可以透露出來。

第一，屬於天文的　『九』在天文上的應用，有離騷的『指九天以為正兮，夫唯靈修之故也』，天問的『九天之際，安放安屬？』以及逸周書小開武解的『九星』『九紀』。山經西次三云，『昆侖之丘，是實惟帝之下都，神陸吾司之，司天之九部』，這『九部』恐怕就是九天。後來，呂氏春秋有始覽配合到九州，說：『天有九野，地有九州』，這也就是莊子大宗師所謂『奄有天下，比於列星』。這是一個極確鑿的州數用九不是全然無意義的佐

證，也便是州數用九和天文有交涉的暗示。

第二，屬於地理的　商頌玄鳥的『九有』，長發的『九圍』，傳統經學家都解作九州的。又易震卦的『躋于九陵』，左傳的『貢金九牧』(宣三，此說不可靠，適之先生已辨之，見古史辨第一冊頁一二〇)，以及指名的『芒芒禹迹，畫爲九州』(襄四)，又離騷的『百神翳其備降兮，九嶷繽其並迎』，又『道帝之兮九阬』，又『與女遊兮九河』，以及『思九州之博大兮，豈惟是其有女』，『紛總總兮九州，何壽兮在予』，這種觀念是很值得注意的！作者如何的瞠目於森羅萬象而恍惚浩蕩的宇宙現象！他稱『九』，不是偶然的！再看，魯語的『后土能平九土，故祀以爲社』，這也值得注意，可見能平九土纔有祀爲社的資格。又山海經的『食于九山』，恰與穆天子傳的『升于九阿』極其肖似，九不能爲實數可知。又莊子列禦寇云『河潤九里』，『千金之珠，必在九重之淵』，在宥云，『出入六合，遊乎九州』。九嶷，九阬，九河，九山，九阿，九里，九重之淵，定然不是曠大的所在，而『出入六合，遊乎九州』，卻與離騷所說的『九州』是一樣的茫昧的觀念。

第三，屬于政治的　先看左傳，『九扈』爲九農之號(昭十七)，『九獻』是上公的禮(僖十三)，『周有亂政而作九刑』，又有『九宗』(定四)和『九族』(桓六)。九農的觀念或從『九穀』來，『九刑』的觀念或從『丸削』來。『九宗』『九族』是一樣的。洪範的『九疇』，尤須注意！那樣經國大政，盡納在這九項之中。周禮九的觀念最深，看哪：九畿(大司馬)，九賦，九職，九式，九貢，九兩(大宰，大府)，九嬪，九御(內宰)，九儀(大行人大宗伯)，九經，九緯，九軌，九室，九夫(考工記)，一切的制度都安排在九之下了！還有逸周書的『九敵』(大開武解)，九德(寶典解)，更有『禁九慝，昭九行，濟九醜，尊九德，止九過，務九勝，傾九戒，固九守，順九典』(文政解)，『九酌』，『九聚』(文酌解)，眞是神聖得像天經地義一般。錢玄同先生說『周禮是劉歆僞造的』，雖不一定是，總歸很晚的；這時候人的九的觀念尚且如此，遑論春秋時代。

第四，其他　定四年，鄭子大叔卒，晉趙簡子哀之，說：

> 黃父之會，夫子語我九言，曰無始亂，無怙富，無恃寵，無違同，無敖禮，無驕能，無復怒，無謀非德，無犯非義。

宣十二年，晉郤缺說，

> 九功之德，皆可歌也，謂之九歌；六府三事，謂之

成功。

前者是朋友的規誡，後者是國家的禮樂，都限制於九數，九之含義可想。莊子列禦寇說的更妙，

顏成子遊謂東郭子綦曰：『自吾聞子之言，一年而野，二年而從，三年而通，四年而物，五年而來，六年而鬼入，七年而天成，八年而不知死，不知生，九年而大妙。』

這與穆天子傳『？之虛，皇帝之閟，乃□先王九觀，以詔後世。□祀大哭九而終喪亡，出于門，喪主即位』一比較，可知一表得道之極，一表盡喪之禮，皆是有深意的。至于穆傳的『我徂黃竹，□員閟寒，帝收九行』，與左傳的『經啓九道』，恐怕是九州至密切的導線。

引了不少了，總括說一句：這個九，最先應用到天文上，有巍巍赫赫，茫無邊際的意義，是虛數。其次，拿來形容大地，還是虛數，意義亦同。慢慢的由虛數變爲實數了，人們就強制作形，替他分配所在。最後，政事上也應用牠了，其神聖的意義則始終不變。我抱了這個信念，來說明禹貢州數用九之故，所以後來看王逸這樣的幾句話，由不得點首稱是，想不到契合如此：

九者，陽之數，道之綱紀也。故天有九星，以正機衡；地有九州，以成萬邦，人有九竅（按莊子齊物篇有『百骸，九竅，六藏』一語），以通精明。屈原……乃援天地之數，列人形之要，而作九章九歌之頌，以諷諫懷王，明已所言與天地合度，可履而行也。——九辨章句序

三

易說陰陽，陽數盡于九，所以文天祥正氣歌有『嗟予遘陽九，隸也實不力』的話。『九泉』是冥府之稱。原始社會裏的這個陽九的觀念，或是尚在九天之前，一樣的那般神聖，不可瀆褻的。顧先生說：

商族認禹爲下凡的天神。——古史辨頁六二

禹爲山川之神，……又爲社神。其神職全在土地上，故其神績，從全體上說，爲鋪地，陳列山川治洪水；從總事上說，爲治溝洫，事耕稼。——古史辨頁一一四

功績這樣深，人（神）格這樣大的禹，到了戰國，還不夠率爲『封崇九山，決汩九川，陂障九澤，豐殖九藪，汨越九原，宅居九隩，合通四海』的人麼？他所踏的地面，所涉的川澤，所跨的山原，還不夠上『九』的尊號麼？

二十三年三月二十日

從夏禹治水說之不可信談到禹貢之著作時代及其目的

許道齡

時間無論古今，空間無論中外，任何事業之成就，基礎都是建築在牠的時代的客觀環境之上，不是憑空能彀成功的。所以我們學歷史的人對于研究某一個問題而要知道牠的眞確性質時，必先把牠的時代的客觀環境分析得淸淸楚楚，然後酌下斷語，才不致於謬誤百出。我現就把這種見解來探討夏禹治水之說，同時談及禹貢之著作時代及其目的。

（甲）夏禹治水說——這問題可分爲四方面觀察之。

1.工具方面：『工欲善其事，必先利其器』，除非夏禹是位下凡神仙，在那公元前二十三世紀的新石器時代（?）必不能做偌大『鑿龍門，疏九河；決九川，濬畎澮』的工作。揚子江水道委員會的技師 Palmer 君對於丁文江先生說的好，『就是要用現代的技術來疏長江，都是不可能的。石器時代的禹如何能有這樣能力。』——這是從工具方面看出夏禹治水說之不可信。

2.政治方面：『王假有家』（易家人九五），『王假有廟』（易萃彖辭），這是說明王的職權只能管家政和祭宗廟。可知我國上古時代之所謂王不過像現代的一個族長，一個家長；所謂國也不過如現代的一城市，一村莊。上古人煙稀少，而古典中動輒稱『萬邦』，『萬國』，由此窺見古代每個國家之人口實無幾；前朝炎帝，後朝黃帝；前朝帝堯，後朝帝舜，父子無法相傳，由此斷定當時王權之卑微。嚴格說來：古代之國家人數也許沒有現代一個中等城市之衆多；君主之權力也許沒有現代一個中才村長之強大，政治組織也許沒有現代模範村之完密。聚一羣無知識，無紀律之人於一起，任何人都不能指揮如意。夏禹何人？能夠驅策那渾渾噩噩之初民做這勞苦而危險的治水工作至十三年之久。——這是從政治方面看出夏禹治水說之不可信。

3.社會方面：商代國家約有三千，周初諸侯至少八百，夏禹之世，當然不止此數。老子：『鄰國相望，雞犬之音相聞，民至老死不相往來』的話，正是上古社會之寫照。在這種各據一方以自雄的部落社會情形之下，人民的意識十分狹隘，所知道的是天下最小的一部份的事，所欲做的充其量也不過如此。不要說虞夏那老死不相往來，鄰國時起械鬥之世，就是現在萬國交通，人道高唱的時代，還是『以鄰爲壑』，絕沒有把本國事情和國際的同一看待的。——這是從社會方面看出夏禹治水說之不可信。

4.經濟方面：『萬事非錢莫辦』，這是貨幣發生以後的名言。夏禹之世，做事或許是不用金錢，然也須貨物充足，糧食不缺，才能得到偉大的成功。考洪水之患，起于帝堯，初命鯀治，夏禹繼之。禹作十三，鯀壅九歲。在那石器工具生產的社會，那有偌大的工程力量。——這是從經濟方面看出夏禹治水說之不可信。

夏禹治水之說，從各方面看來既毫不可信，那末禹貢一篇是出於假冒，毋庸懷疑。——但是該篇之作到底始於何時？其目的究竟何在？茲不揣譾陋，略抒所見如下：

(乙)禹貢之著作時代

禹貢之著作時代，議論紛紜，莫衷一是。但據我研究結果，斷定牠是戰國末年作品。理由是：禹貢九州惟梁貢鐵。蓋鐵之出現也許始於春秋之世，但牠的產地起初是在荆揚一帶。史記范睢傳云：

> 秦昭王曰：吾聞楚之鐵劍利而倡優拙。夫鐵劍利則士勇；倡優拙則思慮遠。

荀子議兵篇云：

> 楚人宛鉅鐵釶，慘如蠭蠆，然而兵殆於垂沙，唐蔑死。

藝文類聚弩部引戰國策曰：

> 蘇秦爲楚合縱，元戎以鐵爲矢，長八寸，一弩十矢俱發。

越絕書記寶劍篇云：

> 楚王令風胡子之吳見歐冶子干將，使之作鐵劍。歐冶子將鑿茨山，洩其溪，取鐵英，爲鐵劍三枚，一曰龍淵，二曰泰阿，三曰工作。

又云：

> 越王句踐有寶劍能穿銅釜，絕鐵鑑，故曰巨闕；又取鐵英作鐵劍。

吳越春秋云：

> 越王元常聘歐冶子，作名劍五枚。薛燭善相劍，見湛盧曰：善哉，舍金鐵之英，吐銀錫之精。

又云：

> 干將者，吳人，與歐冶同師。闔閭使干將造劍二枚，一曰干將，一曰莫邪，金鐵濡，遂成劍。

博覽古籍，從未有說梁州在戰國中葉以前出產鐵的。荆州，揚州出鐵較早，而寶劍全產於吳越，若論質量，應以揚州爲最優，何故都未被列爲貢品，而惟梁州貢鐵？想必因爲禹貢的著作時代，荆揚等州的鐵的產量沒有梁州的豐富吧。按梁州之大量產鐵，是在戰國末年。史記貨殖列傳云：

> 蜀卓氏之先，趙人也，用鐵冶富。秦破趙，致之臨卭，即鐵山鼓鑄，運籌策，傾滇蜀之民。程鄭，山東遷虜也，亦鐵冶，富埒卓氏，俱居臨卭。

梁州大量產鐵既在周末秦初，而禹貢惟梁州貢鐵。準此，我們可以斷定禹貢爲戰國末年之作品。

(丙)禹貢之著作目的

禹貢著作的目的，我以爲是在鼓吹統一，和減免租稅，蓋戰國末年，群雄爭長，魚肉人民，兵連禍結，租稅繁重，作者渴望統一，同時又渴望減稅，故一面借『禹域』以宣傳，一面倡『貢法』以呼籲，其意義好像今日之『民族』，『民權』，『民生』。——總之：這是作者一片救世苦心之結晶，記載雖不甚精確，制度雖無所根據，然苛政猛虎，呌苦連天，良心鞭策，迫不及擇，故潦草成書，冀其早日行世，以改革當時之人心，而救奄奄待斃的生民。其言洪水，安知非用之以喻苛政；其言禹，安知非即作者理想中的救世聖主呢！

二三，二，二二。

漢書地理志中所記故國及都邑

李子魁

顧棟高於春秋大事表中作列國爵姓及存滅表，學者便之。然其所載爵姓及地望多不見於春秋及左傳中，彼果何從而得之，是不能令人無疑者。予嘗尋求其源，蓋有三焉：一爲世本，二爲漢書地理志，三爲杜預春秋釋例。欲爲分析，非旦夕間事。故今先錄漢志所記故國舊邑之文於左，以備省覽。凡非班固自注之文悉不錄，以判別材料之先後爲治史者之第一義也。雖班固所自注而非漢以前者亦不錄（如東平國下注曰『故梁國』，按此乃彭越之梁），以漢代封國應別記之也。其次序略依班氏所記之時代，凡原文不詳其時代者則以方向別之。至於彼所言者是否悉信，乃另一問題，非本篇所及。

(一)太昊後國：

1. 東郡須昌：故須句國，太昊後，風姓。
2. 東平國任城：故任國，太昊後，風姓。

(二)少昊後國：

1. 東海郡郯：故國，少昊後，盈姓。

2.城陽國莒：故國，盈姓，三十世爲楚所滅，少昊後。

(三)炎帝後國：

1.沛郡向：故國，春秋曰『莒人入向』，姜姓，炎帝後。

(四)黃帝後國：

1.東郡南燕：南燕國，姞姓，黃帝後。

(五)舜後國：

1.淮陽國陳：故國，舜後胡公所封，爲楚所滅。

(六)四岳後國：

1.潁川郡許：故國，姜姓，四岳後，大叔所封。二十四世爲楚所滅。

(七)皐繇後國：

1.六安國六：故國，皐繇後，偃姓，爲楚所滅。

2.六安國蓼：故國，皐繇後，爲楚所滅。

(八)夏禹國及夏後國：

1.潁川郡陽翟：夏禹國。

2.北海郡斟：故國，禹後。

3.東海郡繒：故國。禹後。

4.陳留郡雍丘：故杞國也。周武王封禹後東樓公。先春秋時徙魯東北。二十一世簡公，爲楚所滅。

5.右扶風鄠：古國，有扈谷亭。扈，夏啟所伐。

6.魯國薛：夏車正奚仲所國；後遷于邳。湯相仲虺居之。

(九)商都及商後國：

1.河內郡朝歌：紂所都。

2.梁國睢陽：故宋國，微子所封。

3.沛郡蕭：故蕭叔國，宋別封附庸也。

(一〇)周都：

1.右扶風斄：周后稷所封。

2.右扶風栒邑：有豳鄉，詩豳國，公劉所封。

3.右扶風美陽：禹貢岐山在西北。中水鄉，周大王所邑。

4.河南郡河南：故郟鄏地。周武王遷九鼎，周公致太平，營以爲都，是爲王城。至平王居之。

5.河南郡雒陽：周公遷殷民，是爲成周。

6.右扶風槐里：周曰犬丘，懿王都之。

7.河南郡鞏：東周所居。

8.河南郡梁：憚狐聚，秦滅西周，徙其君於此。陽人聚，秦滅東周，徙其君於此。

(二)姬姓國及其卿大夫之邑：

1.會稽郡吳：故國，周大伯所邑。

2.河東郡大陽：吳山在西，上有吳城。周武王封太伯後於此，是爲虞公；爲晉所滅。

3.廣陽國薊：故燕國，召公所封。

4.弘農郡陝：故虢國。有焦城，故焦國。

5.河內郡朝歌：紂所都。周武王弟康叔所封，更名衛。

6.山陽郡成武：有楚丘亭，齊桓公所城，遷衛文公於此。子戊公徙濮陽。

7.東郡濮陽：衛成公自楚丘徙此。

8.河內郡壄王：衛元君爲秦所奪，自濮陽口徙此。

9.汝南郡上蔡：故蔡國，周武王弟叔度所封。度放，成王封其子胡。十八世，徙新蔡。

10.汝南郡新蔡：蔡平侯自蔡徙此：後二世徙下蔡。

11.沛郡下蔡：故州來國，爲楚所滅。後吳取之。至夫差，遷昭侯於此。後四世，侯齊竟爲楚所滅。

12濟陰郡定陶：故曹國。周武王弟叔振鐸所封。

13潁川郡父城：應鄉，故國，周武王弟所封。

14.魯國魯：伯禽所封。

15.東海郡費：故魯季氏邑。

16.趙國襄國：故邢國。

17.太原郡晉陽：故詩唐國；周成王滅唐，封弟叔虞。

18.河東郡聞喜：故曲沃，晉武公自晉陽徙此。

19.河東郡絳：晉武公自曲沃徙此。

20.太原郡祁：晉大夫賈辛邑。

21.太原郡楡次：涂水鄉，晉大夫知徐吾邑。

22.太原郡盂：晉大夫孟丙邑。

23.南郡皮氏：耿鄉，故耿國；晉獻公滅之，以賜大夫趙夙。後十世，獻侯徙中牟。

24.河東郡河北，詩魏國；晉獻公滅之，以封大夫畢萬；曾孫絳徙安邑也。

25.陳留郡浚儀：故大梁；魏惠王自安邑徙此。

26.沛郡公丘：故滕國，周懿王子錯叔繡所封。三十一世，爲齊所滅。

27.京兆尹鄭：周宣王弟鄭桓公邑。

28.河南郡新鄭：詩鄭國，鄭桓公之子武公所國；後爲韓所滅。韓自平陽徙都之。

29.潁川郡陽翟：周末韓景侯自新鄭徙此。

30河內郡共：故國。

31.汝南郡南頓：故頓子國，姬姓。

32.上黨郡長子：周史辛甲所封。

33.河內郡溫：故國，己姓，蘇忿生所封也。

34.京兆尹杜陵：故杜伯國。

(一二)東方諸國：

1.泰山郡蛇丘：隧鄉，故隧國。春秋曰『齊人殲於隧』也。

2.泰山郡牟：故國。

3.泰山郡蒙陰：顓臾國在蒙山下。

4.琅邪郡黔陬：故介國也。

5.東海郡開陽：故鄅國。

6.東平國亢父：詩亭，故詩國。

7.魯國騶：故邾國，曹姓，二十九世爲楚所滅。

8.楚國彭城：故彭祖國。

9.楚國傅陽：故偪陽國。

10梁國甾：故戴國。

(一三)南方諸國：

1.丹陽郡丹陽：楚之先熊繹所封。十八世，文王徙郢。

2.南郡江陵：故楚郢都。楚文王自丹陽徙此。後九世，平王城之。後十世，秦拔我郢，徙東。

3.南郡郢：楚別邑，故郢。

4.南郡若：楚昭王畏吳，自郢徙此；後復還郢。

5.淮陽國陳：楚頃襄王自郢徙此。

6.九江郡壽春邑：楚考烈王自陳徙此。

7.南陽郡葉：楚葉公邑。

8.河南郡密：故國。

9.河南郡新成：蠻中，故戎蠻子國。

10.汝南郡女陰：故胡國。

11.汝南郡項：故國。

12.臨淮郡徐，故國，盈姓。至春秋時，徐子章禹爲楚所滅。

13.廬江郡舒：故國。

14.南陽郡宛：故申伯國，有屈申城。

15.南陽郡筑陽：故穀伯國。

16.南陽郡隨：故國。厲鄉，故厲國也。

17.南陽郡鄧：故國。

18.南陽郡舂陵：上唐鄉，故唐國。

19.南陽郡湖陽：故廖國也。

20.南郡宜城：故鄢。

21.南郡枝江：故羅國。

22. 南郡陈歸：歸鄉，故歸國。
23. 江夏軑：故弦子國。
24. 會稽郡山陰：越王句踐本國。
25. 琅邪郡琅邪：越王句踐嘗治此，起館臺。

（一四）西北方諸國：

1. 右扶風雍：秦惠王都之。
2. 弘農郡商：秦相衛鞅邑也。
3. 京兆尹新豐：驪山在南，故驪戎國。秦曰驪邑。
4. 左馮翊臨晉：故大荔；秦獲之，更名。芮鄉，故芮國。
5. 安定郡陰密：詩密人國。
6. 上黨郡潞：故潞子國。
7. 眞定國肥纍：故肥子國。
8. 右北平郡無終：故無終子國。

我對於雲南羅羅族研究的計畫

楊成志

（一）西南民族的範圍

『西南民族』一名詞，係包括粵，桂，黔，滇，川，康，藏及印度支那（安南，暹羅，緬甸）各地所分佈的半開化的或未開化的部族之總稱。簡言之，即是世俗稱爲『南蠻』或『苗蠻』或『苗族』或『西南夷』……的。此種受天演淘汰的殘餘部族，在我國歷史上曾占重要的篇幅，如三代的『三苗』和『有苗』，商周的『百濮』和『東里』，春秋戰國的『南蠻』，秦漢的『西南夷』，後漢的『蠻夷』和『哀牢』，六朝的『爨』和『僰』，宋的『大理國』和『西南蕃』，元的『三十七蠻部』，明清的『一百一十五土司』，……簡籍所載，彰明可考。時至今日，號稱開化數千年的中華境內，在西南高原或南嶺山脈一帶，尚有語言不同，慣俗殊異和制度分歧的無數山居部族繁殖其中。測量他們所佔的境域，幾乎佔全國境土三分之一；統計其人口的總數，約有三千餘萬，幾佔全國百分之八。這是多麼可驚奇的一回事！我曾翻閱西南各省志書及外國人關于西南民族的著述。又六年來曾親眼看過的，計：廣東有猺人，黎人；廣西有猺人，土老，僮人和佷人；貴州有仲家，花苗，黑苗和夷人；湖南有苗，猺；四川有羅羅，西番；雲南有羅羅，苗，猺及擺夷；康藏有西番，波人；印度支那有撣人，歹人，……他們各具有其文化，生活，信仰，和社會的組織。在我國文獻的寶庫裏，所謂經史子集的四庫全書，很難找得出完滿而且實在的系統記載。所以若根據吾國歷史的沿革與地理的延袤來說，這數年來才引起國內學術界注意的西南民族研究，實爲一種急不容緩的學問。

(二)羅羅族在西南民族所占的地位

我們若把歷史的事實，地理的關係，人口的繁殖和文化型的等級來評定某一部族的生存，我們便可認定羅羅族不特站在西南民族中最重要的地位，同時又是外國學人最注重研究的一種部族。他們以山國的雲南爲大本營，以金沙江邊的大涼山爲住所，川滇黔人士稱爲『蠻子』，外國旅行家稱爲『獨立羅羅』(Independent lolo)。全滇一千七百萬人口，漢夷各半；夷族之中又以羅羅爲衆。雲南首府的昆明全縣人口約二十萬，四鄉的羅羅族竟至五六萬家之多，其餘各縣可想而知了。

羅羅的研究，以明代楊愼所編的南詔野史(已譯成法文)爲嚆矢。此外如雲南備徵志，雲南通志，雲南通志稿，滇繫……等書，雖對羅羅的沿革，風俗和制度有多多少少的記載，然習俗相沿，不屬於『閉門造車』的推測，即偏於『捕風捉影』的訛傳；要求其適合於現在羅羅社會的寫眞，眞是十無二三。此無怪三百年來羅羅的研究終不能引起我國學術界的注意。迨十九世紀歐人東漸，天主教與耶穌教相繼入滇，傳教神父如 Paul Vial 編羅法字典(Dictionnaire Francais-lolo)；F. M. Savina編苗族歷史(Histoire de Miao)；牧師如 S. R. Clarke 編中國西南民族概論 (Among the Tribes in South West China)；F. B. Lippincott 編在未知的中國(In unkown China) ……。至科學調查團，又以 Mission D'ollon 及 Mission De legendre 對於羅羅的研究成績尤爲較著，或編字典，或著遊記，或描寫風俗，或測繪地圖，…(就我所知，英法德文對羅羅的研究著作約有百種)。由此看來，羅羅的研究在歐洲的人類學上和民族學上被視爲一種新開發的園地是無疑的了。

然而本我六年來的經驗，知道外國人的著述多多少少總帶着『種族成見』在其中。我們無需指出其特別謬誤諸點，只就他們開口合口說的羅羅爲『非中國人』(Non-Chinese)這個總稱名詞，便很有討論的價值了。所以我現在想根據中西的參考書，合上我自己數年來的資料，把整個的羅羅族全盤托出來，供中外學術界一種新的參考。

(三)羅羅研究與現代學術上的關係

(A)羅羅研究與人類學的關係——人類學的目的是尋求人類在生物上的地位，人種的系統，分類和分佈，人類的起源及其遺物爲研究的對象。簡言之，人類學便是『人的科學』(Science of Man)或『人類的自然史』(Histoire Naturelle de l'homme)。羅羅族的起源，分類，分佈及其一切現在尚生存的和過去的文化，究竟是怎麼樣的，現尚未有人做出一種有條理的系統來。因此，我們應本人類學的方法，尋出此未知的文化(Unknown Culture)，為人類學上的貢獻。

(B)羅羅研究與民族學及民族誌的關係——『民族學』與『民族誌』兩名詞，雖英法德各有其解釋，然綜合其定義，民族學是本自然歷史的觀點或動物學的方法，以研究人種的異同的一種科學；民族誌是本語言，慣俗，或社會制度的系統，以尋求人種或人民的究竟的一種記載。羅羅族的體格和文化怎樣？是否為中國的土著民族？其遷移與混種的遺跡怎麼樣？……研究出來的結果是值得供民族學與民族誌的一種新資料的。

(C)羅羅研究與考古學及歷史學的關係——欲知人類文化的由來與演進，固當求諸史前史(Prehistory)和原古史(Protohistory)的遺跡或遺物的發現，然而自有史以來，許多野蠻的或未開化的或半開化的民族或部族尚保存原人文化的遺型，為書籍上所忽略而未有記載的尚很多。如滇川的『蠻子』(獨立羅羅)至今尚保存其狩獵生活，部落制度，奴隸制度和巫術與巫師，與夫石器時代所用的火把，火具，皮甲和刀矛等遺物的使用，這實足供考古學與歷史學的惟一旁證。

(D)羅羅研究與語言學及文字學的關係——語言是思想的表現文，字是思想的標記。羅羅的語言究屬于語言學上的何系？(是否如外國人稱為西藏緬甸語 Tibete Burman？)其文字與象形文和楔形文的比較，其異同怎樣？與中國和西藏的語文相差的程度如何？混化或轉變的程度怎樣？保全中國的古音的成分有多少？其字形又與甲骨文的比較怎麼樣？……如此種種，都是亟待研究的問題。

(E)羅羅研究與社會學及民俗學的關係——社會學是探討社會的自然律，自然的因果和自然環境為目的的。我們若想明瞭羅羅族的未知社會實況，固宜用社會學的方法以推求之，同時也可藉此洞悉野蠻社會逐漸進化的程序。至形成其思想與想像的結晶品，如神話，傳說，故事及歌謠……是為民俗學的寶貴材料。因此，我們如果研究某一個社會的文化真型，決不能捨却表示人類心靈的民俗的形態的。

(四)羅羅研究的特別準備

民國十六年，國立中央研究院歷史語言研究所設籌備處于廣州，同時國立中山大學語言歷史學研究所亦開始設立。我辭嶺南大學高中部教員後，即服務其中。翌年，語言歷史學研究所出版西南民族研究專號後，西南民族之名始引起國內學術界的注意。是年七月，由中央歷史語言研究所與中大語言歷史學研究所兩機關合組雲南民族調查團，特派史祿國(S.M.Shirokogoroff，現任清華大學人類學教授)，史夫人，容肇祖先生及我四個人赴滇考察羅羅族。他們三位先生逗留昆明月餘即回校，我因讀外國文著述，深知羅羅研究應從實地考察做起，遂不辭勞苦，於是年九月一日獨從昆明出發，經過二十天的崎嶇的馬上生活，直至川滇交界金沙江西岸的大涼山(或稱巴布涼山)。此長約二千里，寬約四百里的大山地區，當地漢人稱為蠻子的大本營，外國人稱為獨立羅羅的國土。雖經受許多次的危險遭遇，然我終能入其堂奧，考察其社會制度，慣俗，宗教，文字和語言，並收集其民俗品，尤注意的是他們的寶貴的經典。我在滇考察兩年，除專注重獨立羅羅的研究外，復曾考察過花苗，仲家，或青苗，夷人，散民，白子，子君，猺人和安南人……等部族。兩年羅羅族的調查經過概略，已見拙著，在此恕不多述。我又曾到過瓊州島兩月調查黎人，到過韶關考察猺人，及在廣州與海豐考察過蛋民。總計我六年來的工作，除大部分比較重要的材料尚待整理外，茲錄已出版的及正在印刷中的拙著名稱如下。

(1)雲南民族調查報告(中山大學語言歷史學研究所版)

(2)雲南羅羅族的巫師及其經典(中山大學文史研究所版)

(3)從西南民族說到獨立羅羅(廣州黃花考古學院版)

(4)西南民族研究(中山大學西南研究會版)

(5)羅羅說略(廣州嶺南大學學報)

(6)雲南羅羅族論叢(印刷中)

(7)西南民族(印刷中)

(8)安南風土誌(印刷中)

(五)研究的方法與程序

我六年來對於西南民族的探討，經過既如上述，然而深覺所發表的著述尚不能躋于專門的研究，因此于民國二十一年三月帶了許多搜集得來的資料，離國來法，希圖深造。轉瞬一年，對于研究上的近程約有五種如下：

(1)搜集參考書——羅羅研究的資料有兩種：(A)書籍：法英德文參考書約有兩百種，在巴黎各圖書館，我都閱讀了，編成摘要的圖書目錄。(B)經典：凡東方語言學校(L'Ecole des langues Orientale Vivantes)，國家圖書館(Bibliothègre Nationale)，天主教外國教會等機關及D'ollone

先生，Delegendre 先生……所藏的羅羅經典，我亦一一看過，且摘鈔其目錄。

（2）整理資料——我的草稿頗多，其比較重要的有『羅羅字典』(約四百頁)，『獨立羅羅的社會組織』(約四百頁)，『羅羅歌謠集』(約三百頁)。此三書現已着手整理，寫成法文或英文。至其內容與章節(參閱雲南民族調查報告)，在此恕不多述。

（3）受學專家——我所跟隨作研究上的指導的，共有三位專門家：（A） Mauss (巴黎大學及民族學研究所民族學教授，為法國最著名的民族學專家)；（B）Rivet(民族學研究所主任兼教授)；（C）Papillant (人類學院實驗室主任兼社會學教授)。

（4）學習技術——除聽課外，我特注重技術上的學習，在人類學實驗室學習人類測量學 (Anthropometric) 及頭骨學 (Cràneologie) 作世界各人種的比較研究；在民族誌博物館 (Musée D Éthnographie) 學習如何整理，分類，陳列和保藏民族物的方法，作博物館學的研究：在地質學實驗室學習第四紀人類化石與古生物學的研究。

（5）加入人類學與民族學會——在巴黎，我曾加入國際人類學會 (Institut International D'Anthropologie) 及民族誌博物館友誼會 (Sociéte des Amis du Musee D'Ethnographie) 為會員，又在英國倫敦的皇家人類學院 (Royal Anthropological Institute of Great Britain and Ireland) 為研究員 (fellow)，俾得與各專家往來交際，為學問上的切磋。

（六）研究上待購的工具

（1）參考書約兩百部，約值大洋一千元。

（2）人類學測量具全套約值大洋一千元。

（3）人類骨模型或標本或掛圖，約值大洋一千元。

（4）收音機一個(兼收音蠟筒)，約值大洋一千元。

（5）幻燈一個(現歐洲人類學及考古學演講均用燈射圖畫例)，約值大洋一千元。

（6）攝影機全套，約值大洋五百元。

（七）研究的處所

我一年來在巴黎研究的地方如下：

（1）民族學研究所 (Institut D'Ethnologie)，此係巴黎大學理科學院隸屬下的一等研究機關。我常往聽講關於民族學諸功課。

（2）民族誌博物館，為法國自然歷史博物館之一，為民族學研究所的實驗場。我實習其中，學習處理一切民族物品的方法。

（3）人類學實驗所（Laboratoire D'Anthropologie）此爲民族學院研究所及人類學博物館（Musee D'Anthropologie）的實驗場。我學習頭骨學的比較即在此處。

（4）人類學院（Ecole D'Anthropologie）此爲全世界各國首先創立人類學研究的第一個機關，亦爲國際人類學會的首倡者及總機關。首創人爲Broca（1824-1880），爲法國人類學的導師。此院有圖書館，實驗室，博物室及講演堂，亦爲我研究的處所。

（5）此外如考古學院（L' Ecole du louvre），法國學院（College de France），古生物學研究所（Institut du Paleontologie）和東方語言學校，亦爲我常往聽講的地方。

（七）研究時間

這一年，除在以上諸處進行研究外，以後的計劃，擬再留巴黎兩年，繼續研究，然後往英國倫敦留半年，德國柏林留一年，美國紐約留一年，俾得探討及比較各先進國人類學研究的實況和方法。在法期間，如逢着好機會時，更希望能够加入法國非洲調查團，爲黑人考察的研究。

（八）期望得到的結果

（1）事實上的——我希望兩年內把『獨立羅羅社會組織』一書寫成法文，取得巴黎大學科學博士學位，再費兩年功夫以英文寫成『羅羅字典』，『羅羅歌謠集』及其他各部落考察材料。在外國，希望在國際人類學研究上占一地小位；回國後擬在大學任人類學或民族學教授，又想組織大規模的西南民族調查隊，爲一生的研究事業。

（2）理論上——由羅羅研究的結果，不特可把人類的原始文化和野蠻生活的眞型全盤托出，亦可推出我國古代文化的遺型，及尋出中華民族遷移的遺跡。如此，對於外國人的西南民族著作上的許多錯誤可加以嚴格的批評或糾正，同時更可將各省府廳縣志中對羅羅的無稽記載，下一個總檢定。總之，要使這些材料合於現代的科學的貢獻。

一九三三年三月三日，草於巴黎人類學院。

通訊處：

Mr. Young Ching Chi,

15 Rue De l'Ecole de Medicine

(l'Ecole D'anthropologie),

Paris (VI), France.

地圖底本出版豫告

顧頡剛　鄭德坤編纂　譚其驤校訂　吳志順　張頤年繪製

無論做什麼工作，都依賴精良的工具。這就是所謂『工欲善其事，必先利其器』。研究地理學，或研究有關於地理的其它學問，如歷史，經濟，語言，以及旅行調查之類，所需要的工具是什麼？『地圖』，自然是首先舉出來的！說到地圖這項工具，大家或者覺得是不難得到的，因為很多的書鋪裏都有地圖出賣，我們只要肯花錢，哪會買不到。

其實，事情是沒有這樣簡單的。我們要得到一點常識，當然買來的地圖已够用。但是我們如果要求深入，必須尋一種足以供我們研究時或調查時打草稿用的地圖，那可就沒有。因為原有的種種，不是嫌篇幅小，就是嫌顏色太複雜，着墨其上顯不清楚；而且普通的合裝本地圖，關于某一地方，買一本只有一張，這一張給我們打了一回草稿，就不能用了，要打第二次草稿時，必須重買一本，這是多麼的不經濟。要自己畫罷，也是够困難的。一來呢，製圖的技術不是每個人都會。二來呢，製一地圖實在太費時間。其三，則畫了一幅圖只能使用一次，同一地方，使用幾次就得繪製幾回，這豈不是太費功夫？

我們一羣人是研究地理沿革史的。我們讀古人的地理書，滿紙是地名而沒有圖，不要說記不住，就是讀了也等于不讀，彼此心中都感到十分的苦悶。想替他們補畫圖罷，那真是不勝其煩；而且沒有一個公同的標準，就是畫了也合不攏來。因此，我們從去年三月起，開始畫『地圖底本』，目的有下列幾種：

(一)用經緯綫分幅，這張和那張，分得開，合得攏，要大要小都隨着使用者的心意。

(二)用紅色印，讓使用者隨着他的需要，加上藍色或黑色的文字和符號，例如研究地理沿革的就把古代地名及路線記上，研究經濟的就把各地人口，物產，賦稅記上，研究氣象的就把各地雨量，溫度之類記上，要作統計圖的就把比例數畫上；他不必費大氣力，就可有想象中的一幅地圖出現。

（二）對於民國十七年以來新設的縣治和十八年以來改名的縣治，均參照內政公報，盡量採錄。就是不當它底本用，也是一部最新的地圖。

到現在，我們已畫成了三十九幅，因為大致已足供研究中國地理沿革史者的使用，暫作一小結束；此後尚當畫亞洲全洲，進而畫全世界。

這三十九幅，東西從東經七十二度至一百四十度，南北從北緯二度至五十四度。邊疆方面，因為使用較少，比例為五百萬分之一；其餘則為二百萬分之一。（這是一個臨時的辦法，將來內地也要畫五百萬分一的，邊疆也要畫二百萬分一的，以求彼此的貫通。）每幅取一個最重要的地名作為圖名，以便記憶。圖名如下：

（一）龍江　（二）庫倫　（三）科布多　（四）虎林　（五）永吉　（六）赤峯　（七）烏得　（八）居延

（九）哈密　（一〇）長白　（一一）北平　（一二）歸綏　（一三）寧夏　（一四）敦煌　（一五）迪化　（一六）京城

（一七）歷城　（一八）長安　（一九）皋蘭　（二〇）都蘭　（二一）南京　（二二）漢口　（二三）成都　（二四）昌都

（二五）噶大克　（二六）閩候　（二七）長沙　（二八）貴筑　（二九）鹽井　（三〇）廈門　（三一）番禺　（三二）昆明

（三三）瓦城　（三四）拉薩　（三五）瓊山　（三六）河內　（三七）普羅談　（三八）曼谷　（三九）新加坡

至於製圖術方面，也有許多特點可說：

（一）經緯度皆依據圓錐投影法作標繪製。

（二）山脈用暈滃線法繪製，使脈絡顯明；但仍參考多種地圖，不加臆斷。

（三）河流，湖泊，島嶼，海岸綫等皆依據投影原理，依照光綫的射入而分畫綫的粗細，使得易于識別。

（四）所用字體及其大小各有分別，例如：國都用四米粒等綫字，縣治用二米粒五等綫字，省會用三米粒五倣宋字，市鎮用一米粒五等綫字，河流用斜體宋字，湖泊用斜體等綫字，山脈用聳肩字等，務使一目了然。

這圖畫好之後，本來即可出版，但因我們不敢草率從事，貽誤學者，所以特請譚其驤先生校對修改，使其達到盡美盡善的地步。此後譚先生校好幾幅，即付印幾幅，逐次在本刊發表。大約在半年之內可以印畢，屆時合購也可，單買也可。你研究哪個地方，或調查哪個地方，你就儘買那地方的圖去使用。我們的價格一定是定得最低廉的，我們一定使得這種地圖確能成為一般學者的草稿紙。

禹貢學會啟，二十三年四月十六日。

編纂者 顧頡剛 鄭德坤 校訂者 譚其驤

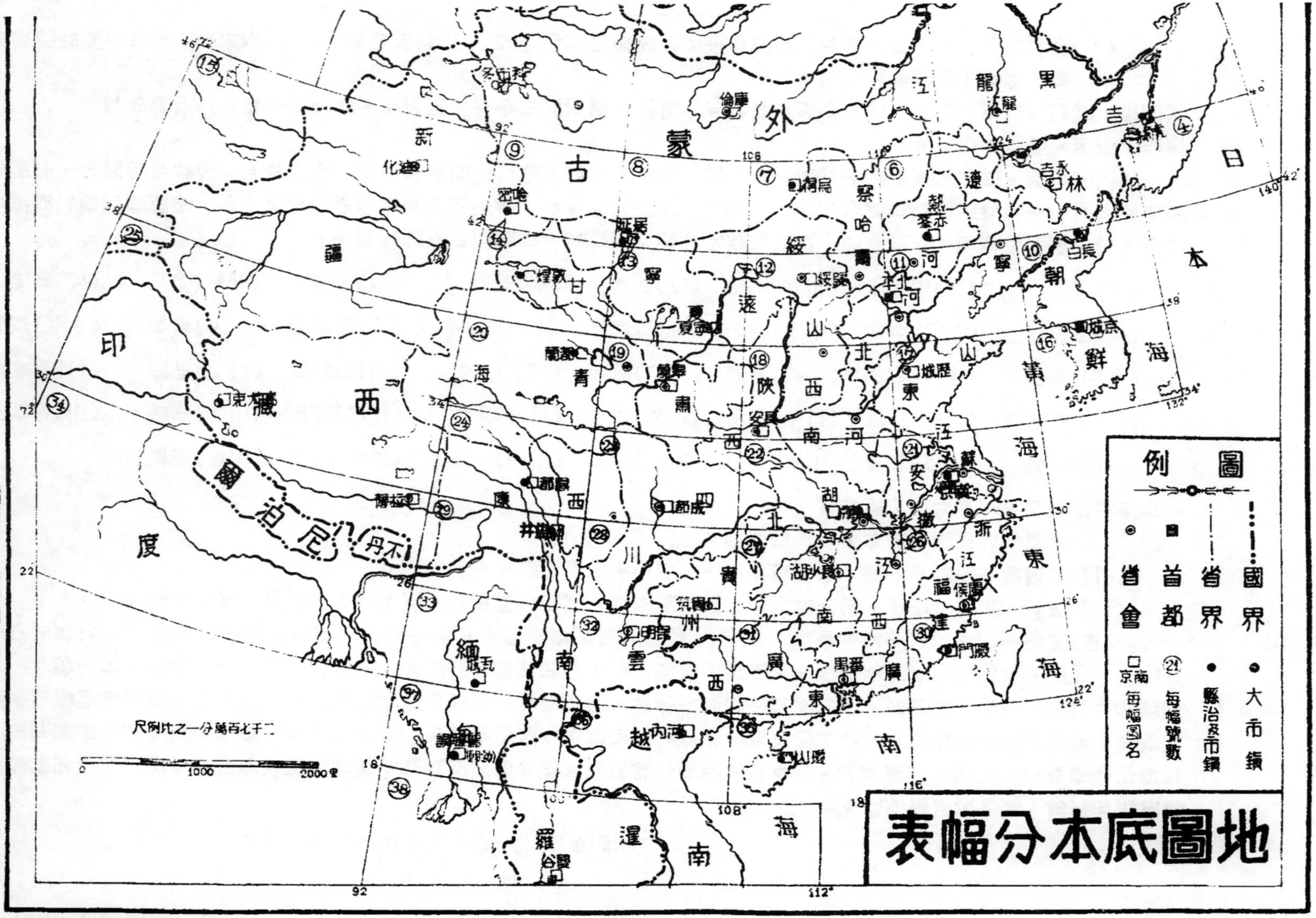

繪圖者 張頤年 吳志順